有限管教

林雅萍　编著

北方妇女儿童出版社

·长春·

图书在版编目（CIP）数据

有限管教 / 林雅萍编著. -- 长春 : 北方妇女儿童
出版社, 2024. 4. -- ISBN 978-7-5585-8599-9

Ⅰ. G78

中国国家版本馆CIP数据核字第2024GK2048号

有限管教
YOUXIAN GUANJIAO

出 版 人	师晓晖
特约编辑	吕玉萍
责任编辑	姜晓坤
装帧设计	郭艳鹏
开　　本	710mm×1000mm　1/16
印　　张	12
字　　数	112千字
版　　次	2024年4月第1版
印　　次	2024年4月第1次印刷
印　　刷	三河市燕春印务有限公司
出　　版	北方妇女儿童出版社
发　　行	北方妇女儿童出版社
地　　址	长春市福祉大路5788号
电　　话	总编办：0431-81629600

定　　价　59.00元

序　言

我们国家提倡素质教育已经很多年了，但仍有许多家长将孩子的学习成绩作为评价其是否优秀的唯一标准，为此不惜"鸡娃"，全面插手孩子的学习、生活，总将孩子置于监察管教的状态。这种缺乏"界限感"的教育方式，让孩子成为"听话""懂事""乖巧"的"好孩子"，久而久之，孩子的独立自主能力将逐渐丧失，越来越依赖父母，这无疑是非常可悲的。

孩子早晚都得脱离家长的怀抱，自己独立生活。将来他必须自己选择自己的专业、自己的配偶、自己的老板、自己的公司……会面临无尽的选择，需要具有很强的独立性、责任心、判断力等。父母能给孩子的，是让孩子有自己的主见，有自己的思想，而不是单纯地听话，一味地服从家长的指令。

苏联著名教育家苏霍姆林斯基曾经说："我认为极其重要的一点就是使'设计人'的工作不仅成为我们教师的事业，也要成为家长的事业。"作为家长，应该学会"有限管教"，规避"保姆式"和"顾问式"的教育方法，可以为孩子提供可行的建议，但不能强求孩子按照自己的规划来生活；家长可以给孩子准备好生活的必备用品，成为孩子的有力支撑，但不能代替孩子体验生活。只有给予孩子充分的自由和平等，激发孩子的内在潜能，才能帮助孩子发现自身发展的更多可能性。

本书针对家庭教育中常见的问题，提供了很多切实可行的方法。书中指出在育儿过程中，父母应有界限感，懂得有限管教，着重培养孩子的自信心、独立性和决策力，让孩子从小学会自我管理，对自己的人生负责。

目　录

第一章　爱是天然，与你的表现无关

我爱你，与你的表现无关 / 2

把表达爱的机会还给孩子 / 6

有条件的爱让孩子很受伤 / 12

耐心陪伴是最有力的爱 / 15

减少威严感，和孩子交心 / 23

用理解的方式填平"代沟" / 27

第二章　孩子的自信，源于家长的欣赏与信任

父母的信任，是孩子自信的源泉 / 34

自信离不开父母的耐心引导 / 38

勇气是父母给的，也是父母毁的 / 42

这样教，孩子没有自卑感 / 46

经常肯定孩子，少说"不" / 50

正向鼓励，助力孩子展翅高飞 / 54

表扬有度，别让自信膨胀成自大 / 57

第三章　从人格到行为，培养孩子的独立性

独立思考，有主见的孩子心智高 / 64

孩子不是机器，家长别当"远程遥控器" / 69

尊重孩子的选择，不要全权代劳 / 72

鼓励孩子表达自己的想法 / 75

给孩子留足空间，尊重孩子的个人隐私 / 79

引导孩子做家务，培养孩子主人翁意识 / 83

孩子之间的事，让他们自己解决 / 87

拒绝一切磨蹭、拖沓、依赖行为 / 91

第四章　允许犯错，让孩子有机会学习和成长

每个"刻意"的破坏，都隐藏着一个"真相" / 96

一次只做一件事，才是成事的秘诀 / 99

正向反馈，引导孩子做好时间管理 / 101

刻意嘲讽，是让孩子无所适从的"冷水" / 105

狭隘的胜负欲，让"别人家的孩子"成了阴影 / 109

犯错不可怕，给孩子改正错误的机会 / 113

及时批评，不要"秋后算账" / 117

第五章　平等对话，建立有效的亲子沟通桥梁

找好话题，学会倾听孩子的心声 / 122

发现孩子的优点并加以启发 / 125

放下面子，勇于向孩子认错 / 128

唠叨"正确的废话"，不如不说 / 131

不妨给无趣大道理加入幽默元素 / 136

用肢体语言增加沟通效率 / 139

第六章　良性路径，激发孩子的学习自主性

不用分数定义孩子的未来 / 146

与其告诉孩子答案，不如引发其思考 / 149

会玩的孩子才会有出息 / 152

把"要我学"变成"我要学" / 156

鼓励孩子给自己定目标 / 161

引发兴趣，学习与游戏相结合 / 164

第七章　情绪管理，轻松控制莫名的"洪荒之力"

理性对待孩子的叛逆 / 169

哭吧哭吧，引导孩子正确发泄情绪 / 171

对于孩子的牛脾气，学会冷处理 / 174

引导孩子学会控制冲动，掌控"洪荒之力" / 177

一起垒砌屏蔽墙，帮助孩子获得钝感力 / 180

第 一 章

爱是天然，与你的表现无关

我爱你，与你的表现无关

在我孩提的岁月里，我的父母曾经为我设定过一个奖励制度。只要我的期末成绩名列全班前 10，他们就会给我 50 元作为奖励；如果能进入前 5 名，我可以得到 100 元的奖励；若能荣登三甲，那么我就可以获得 200 元的奖励。在那个年代，这样的条件确实挺诱人的，这样的外在动力足够我为之努力，可是考试结果令我失望，不但一分钱都没得到，还让我时常陷入对自我能力的怀疑中。

最近在社交媒体上，我看到了一位家长为激励孩子而设计的一份"期末考试成绩选择权"契约。在这个契约里，家长承诺：只要孩子们能在考试中名列班级前三，他们就有权挑选旅行目的地；若成绩在四五名，则由家长决定旅行目的地；而若成绩跌至五名之外，那么他们哪儿也别想去。这个契约让我想起了儿时父母所设定的奖励制度。

我对这种做法并不认同，父母对子女的爱应该是无条件的。无论是带孩子去旅行，还是给他们买什么礼物，都应该取决于他们的需求和心愿，而不是仅仅与其表现相联系。这种联系容易让孩子产生错觉：只有表现好，父母才会爱他们；反之，如果自己表现不佳，则会让他们失去父母的爱。

无条件的爱就是无论孩子有多出色，或多普通，甚至多糟糕，这份爱是始终如一的。这样的爱是坚定的，不会因为孩子的表现好坏有所上升或下降，它是孩子安全感的支柱。

我们所有人都清楚，对孩子的成长而言，安全感的重要性不言而喻。我们在努力为他们提供稳定且丰富的物质条件的同时，是否思考过如何为他们的精神世界塑造一种安全感呢？

大量研究结果已经证实，如果孩子在成长过程中所得到的爱附加了各种条件，那么他们的自我价值感就会相对较低。这是因为他们感觉真实的自我并未被接纳，只能努力去满足父母的期望。

心理学家温尼科特曾经说过："只有当孩子确信自己随时可以回家，才能安心地向前发展。"这种无条件的爱，就是一种"随时可以回家"的爱，是一种支持和鼓励的力量，并不是指无条件地溺爱孩子。

我曾参加女儿就读学校的一次开放日活动。在活动中，班主任向我透露了另一位喜欢我女儿的老师对她的评价。这位老师对他最喜欢的学生在公开课上未配合他的工作感到惊讶。我对此感到好奇，于是询问班主任："那这位老师喜欢我女儿的哪些方面呢？"

班主任告诉我，女儿在课堂上听讲非常认真，积极回答问题，非常活跃，而且该科目的学习成绩很优秀。听到这些评价，我笑了。因为这位老师喜欢我女儿的这些所谓优点，都是因为她对这门学科感兴趣而自发表现出来的，与满足这位老师的期待并无关系。简单地将这两者联系在一起，自然会让老师感到失望。

实际上，无论是教师还是父母，都难以面对孩子令其失望的表现。无论是在学业成绩还是为人处世方面，我们都希望孩子能不断超越自己，不断前进。然而，孩子们的感受是非常敏锐的，父母的殷切期待过分表露出来会给孩子造成压力，甚至会感到焦虑，担心下一次做得不好怎么办。我们总是期望孩子每天都能进步一点点。但是，我们自己能否做到每天都有所进步呢？

因此，为人父母，我们应该深刻认识和理解：孩子的进步是循序渐进的，今天进步了非常好；明天退步一点儿也是正常的。这次考好了，非常好；下一次少几分也没关系。我们不能因为孩子进步了就一味地表扬他们；而当他们退步时，立刻表现出失望和不满。在这个世界上，没有人能够永远满足我们的期望。所以，我们不应该要求孩子"只许进步，不许退步"，让他们独自承受无尽的压力和期待。我们应该给予孩子更多的理解。

在与许多家长的交谈中我们常能了解到，有些孩子竞争意识非常强烈，过分关注自己在各种比赛中的名次。一次比赛的胜利能带给他们无尽的喜悦，而失败则让他们大发脾气，甚至痛不欲生。为何如此呢？因为这些孩子存在一种错觉，认为家长所给予的快乐、爱和物质奖励都与他们在比赛的成绩成正比。

然而，如果父母向孩子们传达这样的信息：无论输赢，我都深深地爱着你；我想带你去的任何地方，我想给你买的任何东西，都是出于对你的关心和你的实际需要，而不是你的竞赛表现。若这些"爱"的信息被孩子们接收，他们还会那么在意比赛的输赢吗？他们还会因为失败而感到痛苦，甚至发脾气吗？

我女儿上小学的时候，学习成绩并不理想。自从她升入初中以后，成绩才有些起色。每当考试成绩出来后，她的情绪就变得阴晴不定，因为名次进步喜形于色，或因为名次回落而沮丧叹息。

看到她这副样子，我一开始也是费尽心思地劝她不要和别人攀比，可是不管说了多少遍，她的情绪并没有稳定下来。于是我就想了个新办法，决定先让自己变成一个不在意成绩的人。

后来每次女儿跟我聊起考试成绩的时候，我先假装很理解她的感受，然后告诉她："父母才不关心分数和名次呢，我们只在乎你这个人。我关心的是你对学习有没有兴趣、有没有成就感和满足感、遇到困难有没有勇气、有没有需要帮忙的地方。不管你考了多少分、排了多少名，我们都一样爱你。"

渐渐地，女儿不再那么在意名次了。这次期末考试分数出来后，她还主动要求我帮她下载试卷分析报告，认真研究自己错在哪里。我觉得她表现得相当不错，全身心地投入学习这件事中去了。通过探讨学习的本质，她找到了比名次和输赢更有意义的东西。

在孩子的心灵深处播下无条件爱的种子，让它在那里悄然生长，无论他们的表现如何，这份爱都不会动摇。这份爱将为他们的成长提供避风港，让他们的内心充满安全感，避免被名誉和成绩等外界因素所摇摆。在这样的环境下，他们的情绪将越来越稳定，拥有一颗坚韧不屈的心。

把表达爱的机会还给孩子

在一个阳光明媚的日子里，一位母亲带着她的小女儿学习滑冰。

在路上她有些疲惫，于是，她轻轻地对女儿说："我付出了这么多来照顾你，将来你会孝顺我吗？"小女儿天真无邪地问道："什么是孝顺？"

母亲微笑着回答："孝顺就是对我充满爱和关怀。"

女儿非常认真地说："我会的。将来我会赚很多钱来孝顺你。"

母亲笑着摇了摇头说："妈妈并不需要你的金钱。我希望你在我年老体弱的时候，能像今天我带你去滑冰一样载我去玩，记得要常来看我。"

女儿坚定地答应了："我会的。我长大了要和你一起住，每天都能看到你。"

在生活中，许多家长在生病或身体不适的时候，总是用微笑和坚强来掩盖自己的痛苦："妈妈没事，宝宝乖……"然而，家长在这样"刚强"的"掩饰"下，让孩子失去了一次表达爱的机会。

如果母亲能够直接告诉孩子："妈妈现在感觉不太好，你能帮我拍拍背吗？"孩子肯定会立刻行动起来，帮母亲拍背。"妈妈有点儿口渴，能帮我倒杯水吗？"孩子也会很乖地去倒水。通过这样的方式，无论谁将来遇到身体不适的情况，孩子都会知道首先要安抚对方，然后帮忙做一些实际的事情。这就是在教育孩子去爱他人。

孩子爱人的能力并非与生俱来，这需要父母从小就开始培养。

一个小女孩儿坐在桌前，埋头于繁多的学业之中。她的父亲经过一天的工作，疲惫不堪，此时刚刚进入家门。女孩儿立刻起身，递上一杯刚泡好的茶，温柔地对他说："爸爸，您辛苦了，请喝茶。"这样贴心的"爱"，却被这位偏执的父亲误认为是附带条件的讨好。

父亲冷淡地回应："去去去，继续写作业！别浪费时间在这些没用的事情上。只要你取得好成绩，比什么都重要。"

男孩儿看到生病的妈妈在厨房里辛苦做饭，便走进去说："妈，我来帮你！"妈妈轻轻摆手说："别给我添乱了，专心读书，这才是对我最大的关心。我可不想我儿子长大后当厨师伺候人，我希望你能读研究生！"

孩子心中满怀着表达爱的意愿，却被父母屡次婉拒，爱的火花一次又一次被扑灭。

于是，孩子们逐渐"理解"了父母的期望，他们渴望自己的孩子能在学业上取得优异的成绩，进入那些被誉为"人才摇篮"的重点学校。然而，这些学校对于大多数孩子来说是一座座难以逾越的山峰。因此，许多孩子在面对这一座座山时，感到了无比沮丧，他们的心变得冷漠，对世界失去了兴趣，他们不再关心他人，也不懂得去爱别人。

真正合格的父母知道如何适当向孩子展示自己的软弱，为孩子提供表达关爱的机会。他们不会始终表现出坚不可摧的形象，将孩子视作受其保护的小鸟，使孩子产生依赖、敬仰以及恐惧的心理；他们更不会让孩子成为无法自由飞翔的小鸟，相反，他们鼓励孩子大胆探索，学会独立思考与应对问题。

有一天，一个人被邀请到一户人家做客。家里的长辈端上了一盘梨子，这家的小孩立刻挑选了最大的一个梨子递给了客人。客人很高兴，称赞他是个好孩子。然而，当客人真的把梨放到自己嘴边的时候，小孩儿却"哇"的一声哭了出来。这究竟是怎么回事儿呢？原来，每次吃饭时，家人都会表演"孔融让梨"的故事，让孩子把最好的水果挑出来先给其他人。虽然每个人都接过水果，但实际上并没有真正吃掉，最后还是递给孩子吃。这样是否真的在教育孩子，还是只是让孩子学会了表演，而忽略谦让的真正含义？这样又如何能培养出他们的感恩之心呢？

真正的爱并不仅仅停留在口头上，还需要用实际行动来体现。对于孩子们所给予的爱，大人们不仅要接纳，更要欣赏和理解。要让他们明白，接受别人的爱并不只是一种享受，更是一种需要去付出和回报的过程。

卢梭这样告诫世人："人生当中最危险的一段时间是从出生到 12 岁，在这段时间中还不采取摧毁种种错误和恶习的手段的话，它们就会发芽滋长，及至以后采取手段去改变的时候，它们已经是扎下了深根，永远也拔不掉了。"

那么如何做，才能让孩子感受爱、表达爱呢？

第一，让孩子参与家庭事务。

在生活中，让孩子参与家庭事务是非常重要的，可以让他们做一些力所能及的家务。尤其是直接涉及孩子本身的事情。这样，孩子就能了解家里正在发生的事情，知道实际情况。通过赋予孩子决定权，让他们表达自己的想法，这样有助于培养他们的思考能力、表达能力和解决问题的能力，以及他们的独立意识。

在一个家庭中，父母和孩子经常围坐在一起，分享最近的生活日常。例如，孩子可能会问："爸爸，我最近在学校的表现如何？"或者"妈妈，你为什么总是看起来有些紧张？"父母也鼓励孩子提出任何问题，让他们知道可以随时和父母进行交流。这种日常的、平等的交流方式使得孩子们有了显著的变化，他们的思维更加独立，动手能力、语言表达能力和社交技巧都有了明显的提升。

在孩子的成长过程中，父母需要将孩子视为一个独立的个体。在日常生活中，父母应该教导孩子培养自我独立的观念，让他明白他是家庭的一部分，与其他成员平等，他也应得到关注、尊重和爱护。

第二，教导孩子学会感恩。

在孩子学会感恩之前，他可能还无法理解对他人的爱。但是，当感恩的种子在他心中萌芽，他就会将这份感激化为行动，将自己对他人的爱付诸行动。因此，感恩让他不再无理取闹，反而变得更为懂事，能够更好地帮助父母；因为感恩，他会更加尊重老师，用心学习；因为感恩，他会对生活充满信心，不再抱怨，而是充满阳光和活力。

孝顺是一种美德，它会像遗传一样传给下一代。父母应该是孩子的榜样，无论是在日常生活中帮忙照看孩子的祖父母，还是在共同生活的环境中关爱老人，父母都是孩子最好的榜样。通过这种方式，孩子可以潜移默化地理解到长辈的付出和努力，从而培养出孝顺的品质。

我们可以通过参与各种公益活动，如社区服务、环保活动、照顾老人等，来培养孩子的责任感和爱心。同时，当孩子做出善良的行为，我们应该给予他们赞扬和支持。这样，孩子从小就会在心中种下善良的种子，从而使善良成为他们生活的一部分。

虽然爱的教育并非教育的全部内容，但它的确是教育的基础和前提。我们不能低估爱的教育的重要性，因为只有通过爱来教育孩子，让他们感受到我们的关怀和爱护，他们才能学会如何去爱别人，去珍惜这个世界的一切。真正的教育应该是一种持续不断的爱与创造的良性循环过程。

有条件的爱让孩子很受伤

父母对子女的爱是天经地义的事，但总有一些父母以爱之名，对孩子提出各种苛刻的要求，使得孩子在成长的道路上背负着沉重的心理压力。

当你因为孩子的乖巧而亲吻他，因为孩子的优秀表现而拥抱他，因为孩子的荣誉而送给他礼物时，请警惕！爱，也许会变成无形的枷锁。

弗罗姆在《爱的艺术》中说道："靠努力换回的爱往往使人生疑。这种爱常常会让人痛苦地感到——归根结底我不是被人爱，而是被人需要而已。"

其实，有条件的爱真的让孩子很受伤。

"你要是不好好弹琴，今天就别想吃饭了。"

"这次要是考不到前三名，你的迪士尼梦就得泡汤了。"

"你再不听话，我就把糖果藏起来，让你找不到。"

回想起这些，你是否也曾对孩子说过类似于"你再不……，我就……"这样的话？"撤回"爱这种方法，虽然看似是为了让孩子变得更听话，但实际上在孩子看来，这就像是在驴子面前挂一串胡萝卜，目的是让他们听从父母的话。但父母是否知道，这样的训诫只会让孩子认为："爸爸妈妈的爱并不是无条件的，即使我并不愿意接受，我也必须满足父母的要求，只有这样，父母才会继续爱我。如果我不听话，他们就会收回对我的爱。"

久而久之，父母总是表现出强势和不可动摇的态度，会让孩子心生恐惧。他们害怕因为自己的"自作主张"而失去父母的关爱，导致他们不敢表达自己的不满和想法。这种情况反映了孩子内心的不安。

有次我去朋友家做客，她家 6 岁的儿子稍微有些调皮，似乎总是喜欢和妈妈对着干。

他会抢夺妹妹的玩具，但抢到手后又丢到一边，看起来并不是真的想玩。他吃东西的时候总是静不下来，喜欢到处走来走去，把食物撒得到处都是。

实际上，这只是他试图引起大人注意的方式。只要大人给予适当的引导，他的行为完全可以被纠正。然而，我注意到朋友和她儿子交流时使用的措辞非常特别。

"如果你再抢妹妹的玩具，妈妈就不喜欢你了。"

"如果你再不听话，妈妈就不管你了。"

又或者，"如果你再这么倔，今天就不能吃巧克力了！"

这样的话，朋友反复强调，显然这已经成为他们日常亲子对话的主要内容。除此之外，朋友还有一个刚上高中的大女儿。朋友经常抱怨女儿叛逆，难以管教。说她年纪轻轻的就开始独来独往，不愿意与朋友交流。

我想向各位父母介绍马斯洛的需求层次理论，它与孩子的情感安全紧密相连。根据这一理论，人的需求被划分为五个层次：生理需求、安全需求、归属与爱的需求、尊重需求以及自我实现需求，这些层次按照优先级从低到高排列。在当今社会，大部分家庭都能满足孩子的基本物质需求即生理需求，但我们同样需要关注孩子在安全感和归属感方面的需求，因为这两个方面对于孩子其他能力的发展同样至关重要。而这里所说的安全感，主要指的是孩子内心的情感体验。

新生儿刚刚降临这个陌生的世界时，他们本能地感到恐惧和不安。在这个阶段，只有当父母无条件地接纳和爱护孩子，才能逐渐消除孩子对外界的恐惧。这种深沉的安全感如同为孩子的心灵披上了一层"盔甲"，它是孩子自信、自尊、勇敢和稳定情绪的基石，更是孩子建立自我价值感的根本。这样的安全感让孩子有勇气去迎接挑战、探索世界。然而，当父母错误地将"爱"用作威胁孩子的工具时，孩子的内心会充满恐惧和不安。他们会担忧失去父母的关爱和保护。当父母的爱附加上种种条件，被用作控制孩子的手段时，孩子会开始怀疑父母的爱是否真实。在这样的环境下，孩子的安全感会受到破坏，难以建立起幸福感。

"无条件的爱"和"有条件的爱"之间最大的区别就在于，家长对孩子的爱是出于"他做了什么"，还是因为"爱孩子"。

比如孩子考了 90 分，考得不错，于是想向父亲索要一些奖励。他请求父亲带他去商场，一起去喝他最爱喝的奶茶。父亲说："你是我儿子，喝奶茶这种事，就算你没考好，我也会带你去喝，这与考试无关。"

无条件的爱与孩子的外在表现无关，无论他们优秀、乖巧与否，父母都会一如既往地爱他们。

耐心陪伴是最有力的爱

在英国，一项已经持续了 70 多年的纪实调查项目从 1946 年开始，跟踪并记录了近七万名孩子的成长历程，从他们的童年一直到成年。这个项目的目标是要揭示这些孩子成功背后的关键因素。研究的结果表明，由于受到来自家庭、社会和经济方面的多重限制，那些来自普通家庭的孩子往往面临着比较有限的未来前景。尽管如此，仍然有 20% 的低收入家庭孩子成功地克服了这些困难，打破了所谓的"平庸"命运，实现了人生的逆袭。这些孩子之所以能够成功，主要是因为他们在成长过程中得到了父母的陪伴和鼓励，这是一个非常关键的因素。

一位著名主持人在《朗读者》节目中表达了她对陪伴的看法："陪伴是一种力量。在这个宇宙中，一旦失去了陪伴，生存就失去了其真正的意义。"对于在学业、心理、自信和独立性方面表现出色的孩子们来说，他们的父母通常会尽其所能地给他们提供高质量的陪伴。

密歇根大学的一项科学研究通过具体而微的方式揭示了陪伴孩子的奇妙之处。调查结果显示，塑造一个举止得体、学业卓越的孩子，并非依靠无尽的作业负担或家长的严厉监督，而是家庭的聚餐频率和时长。这意味着，孩子的品格和学习能力实际上是在父母温暖的陪伴中孕育出来的。

陪伴是家庭教育的最高境界；父母是最好的家庭教师。

不久前，我的一位好朋友向我抱怨，暑假期间带孩子是一件非常困难的事情。

我好奇地问她是怎么照顾孩子的，她说她会每隔半小时就悄悄推开孩子的房门，检查孩子的学习情况。一旦发现孩子在打瞌睡或者偷吃零食，她就会非常生气，并且责备孩子。最后，她甚至会在孩子旁边放一把椅子，坐下来监督孩子学习。

相比之下，她邻居家的孩子也在家里写作业，但是那家却非常安静，一切都井然有序。朋友在电话里非常愤怒，不知道为什么自己的孩子这么不让她省心。

然而，听完她的抱怨后，我并没有同情她，反而开始同情她的孩子。虽然看起来她是在陪伴孩子，但实际上她的陪伴方式可能会让孩子感到压抑，也会让自己感到疲惫不堪。

就像一位教育专家曾经说过的那样："优秀的孩子是得到优质教育的结果，而问题孩子则是问题家庭的产物。"

家长用错误的方式陪伴孩子，可能会破坏他们的努力和潜力。

1. 耐心不足，管理不好自己的情绪。

在这个世界中，温暖的氛围和和谐的亲子关系是教育的基础，也是陪伴的核心。然而，我们的急躁和失去耐心的陪伴就像一种毒药，对孩子的成长造成负面影响。

2. 反复唠叨说教。

在许多父母和孩子的交流中，他们常常以教导者的姿态，居高临下地讲道理。他们以为这样能让孩子明白是非，却忽视了孩子的感受。结果往往是，父母越是讲理，孩子就越是抗拒，甚至对父母产生反感。

3. 影响孩子的专注力。

在孩子全神贯注的时刻，许多父母忍不住想要去打扰他们。这可能是因为对孩子的关爱，或者是因为对孩子缺乏信心。这种行为往往会打断孩子刚刚集中的注意力。

4.对孩子的期望过高。

有些父母对孩子的期望过高，给孩子带来了压力。然而，陪伴孩子不仅仅是为了让他们取得好成绩，也不是付出了多少心血和关注就一定能得到同样的回报。

为了提升父母陪伴的质量，哈佛大学曾经实施了一个创新项目，名为"Ready 4 Routine"，直译为"准备日常任务"。并根据具体社会实验，总结出了一个"PEERE 法则"。

1.Pause(暂停)——看见需求，精准回应。

一位心理学老师曾分享过一个引人深思的故事，故事的主人公是一位企业高管。尽管他在职业生涯中取得了骄人的成就，但每当他在公共场合发言时，他总是感到异常紧张，觉得所有人都对他的言论漠不关心。后来，在心理学老师的引导下，他逐渐敞开了心扉，道出了背后的原因。原来，从他童年时代开始，每当他说话时，他的母亲总是低头忙自己的事情，从未真正看过他一眼。这使他一直陷入自我怀疑，不确定自己的话题是否有趣，或者母亲是否真的关心他。这种感觉一直伴随着他，让他觉得自己被忽视，仿佛是个"隐形人"。事实上，当一个孩子的内心需求被忽视，得不到及时的回应时，他的心就会逐渐变冷，与父母产生隔阂。

而真正的陪伴并不仅仅是物理上的在一起，更重要的是情感的投入和感知。这意味着我们需要放下手中的其他事务，将全部注意力集中在孩子身上，用心感受他们的情感需求，理解他们的情绪变化。即使每天只有短暂的时光，只要让孩子感受到与你的深刻联系，这种陪伴就是无比珍贵的。

2.Engage(参与)——放弃主导，积极参与。

作为父母，陪伴孩子并不是要强迫孩子按照自己的想法行事，而是要寻找一种适当的方式融入孩子的世界。以河北的一位父亲为例，他发现儿子沉迷手机游戏，特别是枪战游戏时，他并没有责怪孩子或采取粗暴的干预措施。相反，他巧妙地尝试与手机"争夺"儿子的注意力。

为了让儿子对自己产生兴趣，这位父亲购买了各种玩具，如玩具飞机、大炮和挖掘机等，并运用这些玩具创作了自己的"军事大片"。他们一起拍摄了飞机轰炸坦克、碉堡和高山河流等战争场景，效果非常逼真。通过这种有趣的方式，父子俩度过了愉快的时光，至今已经完成了近300集的"连续剧"。这个案例告诉我们，陪伴孩子并不意味着我们要主导他们的想法，而是应该尊重孩子的爱好和兴趣，共同探索这个丰富多彩的世界。

3.Encourage(鼓励)——全力支持，经常鼓励。

曾经，有一位牙医名叫爱德华，他的儿子马克·扎克伯格对事物充满了好奇心和探索欲望。当扎克伯格对电影产生了浓厚的兴趣，想要自己动手制作电影时，爱德华非常支持他的想法，并且说："我们可以一起尝试看看。"于是，父子俩购买了一台家用摄像机，利用业余时间一起开始了电影制作之旅，成功地完成了扎克伯格的第一部影片。几年后，当扎克伯格 10 岁时，他告诉父亲他对编程也产生了浓厚的兴趣，希望能够学习这门技能。爱德华并没有因为这是一个全新的领域而有所顾虑，反而鼓励他说："我们可以一起尝试看看！"在爱德华看来，只要孩子有兴趣，就应该全力支持他们去追寻自己的梦想。后来，扎克伯格凭借自己的努力和才华被哈佛大学录取，并在大学期间创立了一家名为 Facebook 的社交网站。如今，马克·扎克伯格已经成为全球知名的企业家和慈善家，他的成功源于他小时候勇于尝试新事物、不断学习和创新的精神，以及他的父母无私的支持和鼓励。

在孩子们的世界里，他们的想象力就像彩虹一样丰富多彩，也像流星划破夜空一样独具特色。他们常常会提出一些看似荒谬却又充满智慧的问题，让身为父母的我们感到既惊讶又无从解答。虽然孩子们的思考方式有时会让我们感到困惑，甚至让我们感到有些疲惫，但我们必须时刻牢记，无论他们的想法多么新奇、特别，我们都应该像欣赏一幅精美的画卷一样去欣赏他们，用我们的鼓励和支持去激发他们的创造力。当我们不断地鼓励孩子们勇敢地表现自己、敢于思考时，他们可能会给我们带来意想不到的惊喜和成就。

4.Reflect(反映)——平等交流，及时反馈。

我在书店目睹过这样一个场景：一位母亲陪着她七八岁的儿子在挑选书籍。她详尽地介绍每一本书的内容，然而儿子明显对这些书缺乏兴趣。他对一本动物百科表现出了浓厚的兴趣，但母亲却质疑道："你看这本书有什么用？它对你毫无帮助。"听到这话，儿子愤怒地反驳道："那你自己选吧！"随即转身离开了书店。

这种父母以高人一等的姿态进行的说教和控制，实际上会伤害孩子的感情。长此以往，孩子们可能会选择逃避与父母沟通，将所有的压力和困扰都深埋在内心。戴尔·卡耐基曾言："做一个善于倾听的人，鼓励他人分享自己的故事。"父母应该以平等和尊重为基石，像对待朋友一样，与孩子展开真诚、面对面的交流。唯有如此，才能真正与孩子建立起深厚的情感纽带。

5.Extend(延伸)——扩展视野，发散思维。

我有一个好朋友，尽管工作非常忙碌，但她却非常擅长陪伴孩子。举个例子，她和孩子一起做陶艺，会首先询问孩子："今天你想创作一件什么样的作品呢？"在这个过程中，她会与孩子一同探索各种形状和颜色的陶艺，并教授孩子一些制作技巧；最后，他们会共同回顾整个创作过程，讨论哪些形状更稳定，以及如何让作品更漂亮。此外，当她带孩子去动物园时，她会和孩子一起观察各种动物的生活方式、外貌特征和种类等，让原本单调的参观变得生动有趣，这样既激发了孩子的兴趣，又拓宽了他的知识面。

实际上，陪伴孩子的最高境界在于激发他们的想象力、拓展他们的思维和视野。由于孩子们年幼，他们的想法可能不够成熟和全面，因此父母有责任引导他们从多个角度思考问题，接触更多的新知识。这种陪伴方式才是充实的、有意义的。

有网友回忆起多年前母亲陪伴他的一幕，感动得热泪盈眶。那时，母亲常常坐在他身旁，帮他削铅笔，陪伴他一起完成作业。尽管母亲不识字，只会写自己的名字，但她为了更好地陪伴孩子，努力学习读书和识字。母亲的广阔视野和耐心付出，无疑为孩子未来的发展奠定了坚实的基础。

孩子的成长是一个不可逆转的过程，他们的成长速度也远远超出我们的想象。就像哈佛心理学教授丹尼尔·吉尔博特所说："十年以后，你可能不会因为少完成一个项目而感到遗憾，但你会因为没有多花一个小时陪伴孩子而感到后悔。"

减少威严感，和孩子交心

作为父母，我们必须学会以柔和的语气与孩子交流，抛弃那种居高临下的姿态，这样才能和孩子建立起真诚的沟通。只有当我们放下身段，蹲下来和孩子交谈，孩子才会感到快乐，身心才能健康发展。

我们不应成为那种态度强硬的家长，因为那样的方式无法促进父母与子女间真正的交流。如果孩子仅仅因为我们的力量或权威而听从我们，那反而是我们教育上的失败。若我们能摒弃这些强硬态度，学会尊重孩子，我们更可能赢得他们的信任和尊重。为人父母是一项重大的责任，这要求我们必须不断地学习和提升自我。这包括尊重孩子、以礼貌和文明的方式与他们沟通，以及勇于承认我们自身的过错。只有这样，我们才能赢得孩子的尊重和信任。

在孩子的内心愿望和父母的教导之间，往往存在着一条难以跨越的鸿沟。父母的严厉语气和不容置疑的态度就像一座沉重的山峰，压在孩子的心头，使他们难以表达自己的声音，难以做出真正符合自己意愿的选择。在这样的环境下，孩子或许会因为害怕父母而暂时顺从，然而这样的教育方式实际上已经演变成了一场双输的斗争。

事实上，孩子与父母之间的隔阂，往往是由于父母的疏忽所造成的。当父母过度强调自己的权威地位，对孩子的感受和想法漠然置之，只是一味地要求孩子无条件服从时，孩子们自然会对此感到困惑并产生反抗情绪。他们会思考："为什么我犯错误就要受到处罚，而父母犯错误却可以不受任何影响？难道仅仅是因为我年纪比他们小吗？"

这种教育方式实际上只是在强调父母的权威地位，突显他们在身份、年龄和力量上的优势，然而对于弱小的孩子来说，他们只能无奈地选择沉默忍受。长时间的不平等对待以及亲子之间的沟通障碍，只会导致彼此之间的关系越来越疏远，甚至有可能达到无法弥补的程度。

在一篇中学生的日记中，他写道："我在家中感受不到幸福。最近，我常有离家出走的念头。"母亲回应说："我儿子小时候特别听话，无论我们怎么训斥，他从不还嘴。"他的邻居告诉我们，现在这对母子几乎不说话，他们一对话就会争吵，最后就是他妈妈严厉斥责他的声音。

孩子解释说："我中考成绩不理想，妈妈希望我能去读重点高中，哪怕花费更多的钱，但我想去普通高中。因此，我们之间发生了激烈的争吵。我喜欢运动，尤其是踢足球，但妈妈从不让我去玩，总是让我学习。她完全不尊重我，我真的不想再见到她。在外面，至少没有人干涉我的自由。"

母子间的冲突根源在于母亲无法理解儿子的立场，没有认识到儿子是一个有着独立思想的个体，需要发展自己的思想和判断力。她总是以自己的意愿来控制孩子，这不仅无法有效地教育孩子，反而可能引起孩子的逆反情绪。因此，在教育孩子的过程中，家长应该放下身段，与孩子平等对话。

教育的真谛在于陪伴和支持。在这里，给家长提出两个建议。

1. 让孩子保持乐观心态。

当一个人心情愉快地去做某件事情时，他会充满动力并且不知疲倦。如果父母能让孩子充满热情地参与各种活动，孩子在做事情时就会得心应手，成长也会更快。为了让孩子保持积极乐观的心态，父母要做到以下四点。

（1）为孩子做榜样。当孩子感受到父母积极乐观的心态，自己也会跟着变得乐观起来。

（2）父母相亲相爱。孩子在家庭氛围和谐的环境中会感到安全自在。你知道吗，孩子的情绪就像天气预报，直接反映着父母关系的好坏。

（3）对于幼儿，父母要投入更多的时间和精力，给予他们温暖的拥抱和深入的沟通。心理学研究证实，有被抚触经历的孩子在成长过程中不容易出现攻击性行为，更乐于助人、善于与人相处。

（4）教育孩子时，把握好宽严的尺度。父母不能拿孩子的短处与同伴的长处相比，而应注重纵向比较。一旦发现孩子的闪光点和进步，就要及时给予鼓励。

2. 减少威严感，增加亲切感。

如果一个家庭在内部实行民主、平等，那么孩子们的心理健康就会得到保障。研究表明，相比独断专制的父母，实行民主协商的父母培养出的孩子更具同理心，更受同伴的欢迎，更愿意与人建立良好的关系，更愿意帮助他人。为了构建和孩子的积极关系，父母需要做到以下几点。

（1）尊重孩子，把他们视为独立的个体，承认他们有自己的情感和需求。

（2）父母和孩子交流时，应该放低自己的身段，增加亲切感，让孩子感到与父母是平等的。

（3）父母应以文明礼貌的方式对待孩子，不应体罚或责骂他们。

（4）当父母意识到自己的言行不当时，应勇于承认错误并及时道歉。这样做不仅不会降低父母的威信，反而会使孩子感到父母的可亲可敬。

用理解的方式填平"代沟"

每个人在做任何事情时，都有自己的动机和理由。孩子们的行为尤其如此，他们总是坚信自己的行为背后的动机和理由是合理的。然而，这些动机及理由在成年人看来可能并无说服力，或者并不成立。

如果你无法洞察孩子的动机，引导他们认识自身行为的不当之处就会变得困难。同样地，若你不能倾听他们的心声，你就难以洞悉他们行为背后的深层原因。这是一方面。另一方面，只有理解和尊重孩子，才能帮助他们建立自我尊重感，使孩子能够与父母心灵相通，感觉到自己有能力沟通，感受到彼此之间的能量流动，这样亲子关系就会变得稳定。

父母和子女最常见的问题就是所谓的"代沟"。由于父母与孩子在成长背景和教育程度的差异，双方总会有一些分歧。既然这个分歧无法避免，那么我们为什么不去适应它，然后接受它呢？但遗憾的是，很多家长在这方面做得不够好。

李兰的儿子小刚在上小学的时候，一直是个听话、表现优秀的孩子。但自从进入初一，小刚的学业成绩开始出现了起伏，母子之间的关系也出现了一些微妙的变化。尽管如此，他们之间的沟通依然畅通，儿子还是愿意主动向母亲倾诉心事，也愿意听取母亲的建议。然而，当孩子升入初三后，他的变化让李兰感到十分担忧。每天放学后，孩子会立刻回到自己的房间，关上门，仿佛把整个世界都隔绝在外。李兰想和儿子交流，但却找不到机会。

一天，李兰敲开了儿子的房门，提出一起去散步。儿子显然有些不耐烦，回答说："我休息一会儿还要写作业。"李兰说："那正好散步回来再做，妈妈有些话要跟你说。"但儿子的回应却让她感到心痛："我们有什么好说的呀。"

李兰感到既困惑又伤心。她知道，儿子的心里一定藏着一些她不知道的事情，如果不能及时和儿子进行有效的沟通，那么问题可能会越来越严重。她回想起儿子还是小学生的时候，他们之间可以无障碍地交流，李兰还常常以此为傲，向别人分享自己的育儿经验。然而现在，李兰与儿子之间已经出现了所谓的"代沟"。

其实，家长小时候生活的时代和社会环境与他们的孩子不同，父母和孩子之间存在一些差异，如生活习惯和思维方式，都是正常的。这种"代沟"的存在是必然的，因为它是基于不同认知层面的差异，而不是感情上的矛盾。然而，家长们不应该以

"代沟"为借口，来为自己不当的教育方式找借口以及忽视两代人之间的感情隔阂。

当父母与子女之间的代沟显现时，我们应该以理性的态度来看待这个问题。有代沟并不全然是坏事，反而可能是一种进步的象征。这是因为只有在不断进步的社会里，才会出现这种现象。

在青少年成长的过程中，他们需要完成的使命就是"建立自我"和"完善自我"。因此，当子女的观点与父母产生分歧时，这恰恰表明他们开始形成自己的思考方式。只要他们的观点有道理，父母就应该支持子女的观点。

也许子女现在的观点与父母不一致，但这并不意味着永远不一致。等到孩子成熟，或者自己成为父母时，就会理解父母的苦心。如果我们将两代人之间的"代沟"看作一种有益的冲突，有助于增进亲子之间的了解，那么理解"代沟"也能成为改善亲子关系的妙方。

在我接触过的一些美国教师家庭中，我发现这些教师与子女之间的交流方式非常值得借鉴。他们善于与孩子探讨各种问题，分享彼此的想法。这使我深深感到，我们作为父母，应该多学会一些沟通技巧，提高自己的说理能力。

我们坚信，这场争议的根源在于两代人之间缺乏沟通。因此，成为孩子的知心朋友，是对孩子产生积极影响的第一步。

有些父母或许会认为，他们与孩子自小生活在一起，孩子的表现他们每天看在眼里，听在耳里，还有什么需要了解的呢？事实并非如此。孩子的内心世界，尤其是他们的心灵成长，每天都在悄无声息地发生着变化。如果父母不能细心察觉，就无法真正理解他们。这是由父母和孩子之间的天生差异所决定的。

父母与孩子之间的差异首先源自心理发展层次的差异。由于儿童的感觉认知和思维能力尚未完全成熟，他们对外界的理解和感知方式往往与成年人有所不同。以观看《鲁西西的故事》为例，当故事中的主人公鲁西西在床上哭泣时，成年人可能会理解为"鲁西西受到了委屈，感到非常难过"。但是对孩子来说，他可能看到的是"鲁西西不是一个好孩子，因为她穿着鞋子上床"。

在儿童心理学的专业书籍中，有充分的理论依据表明，成年人与儿童在心理发展水平上存在显著差距。此外，两代人之间在知识储备、生活经验以及适应新技术的能力方面的差距，也可能导致代际隔阂的产生。

作为父母，你可能会发现在孩子面前的权威地位逐渐削弱。孩子们虽然年纪小，但心思细腻，有时甚至会表现出一种狂妄的态度。这是当今许多父母面临的共同难题。回顾几十年前，父母对孩子的权威几乎是毋庸置疑的。他们常说："我走过的桥比你走过的路还要多。"在如今这个信息化社会，长辈的权威地位已经不再稳固。互联网时代让成人和孩子同步成长，但孩子们往往能更快地掌握知识，了解世界。至少在这个问题上，父母开始失去了他们的权威。

在青少年期，也就是 10 ～ 20 岁，孩子的任性表现更为明显。这个阶段被国际学术界公认为青春期。根据心理学家的研究，孩子在 10 岁之前通常会尊敬和崇拜父母，但到了 20 岁时，他们可能会有些许的轻视。然而，到了 30 岁，他们开始理解父母；到了 40 岁，他们深深地爱着父母；只有到了 50 岁，他们才能真正理解父母的付出。因此，10 ～ 20 岁的青少年阶段是代际冲突最激烈的时期。孩子进入青春期后，他们最重要的心理变化就是自我意识的增强。他们渴望独立，但在尝试中经常失败，因此会以挑剔甚至挑衅的目光看待父母和社会。尽管如此，代际冲突也有其积极作用，它是社会进步的一种基本形式。

毫无疑问，父母的权威主要源于他们的个性魅力，而非知识储备。然而，如何对待新知识和新信息，特别是在教育下一代时，往往是影响两代人和谐相处的关键因素。当父母无法接受孩子的观点和行为时，家庭关系可能会变得更加紧张；反之，如果父母能够接纳孩子，那么家庭关系可能会和谐自然。

总之，成熟的父母应该擅长与孩子沟通，了解他们的想法和行为。当孩子做出一些令人费解的事情时，父母不应立即质疑或训斥，而是应该冷静地思考：孩子的行为是否有道理？如果没有道理，原因又是什么？通过这样的思考，父母可以更好地了解孩子，而了解孩子正是教育成功的关键。

许多父母都会遇到这样的困扰：为什么与孩子沟通如此困难？儿童教育专家为父母们提供了一些建议。

首先，要设身处地地为孩子着想，这是建立良好沟通的基础。父母和孩子们都是人，我们都希望得到他人的理解和帮助。因此，理解孩子的感受和需求，是建立良好沟通的关键。

其次，倾听是最有效的沟通策略。如果父母愿意倾听孩子的想法和感受，这实际上就是对孩子的尊重。

为了真正倾听孩子的心声，父母需要注意以下几点。

一是在交谈时放下手中的事情，全心全意地倾听。

二是明确倾听的目的，让孩子感到被理解和接纳。

三是确认是否真正听到了孩子的心声，孩子是否对父母毫无保留。

四是帮助孩子深入、具体地解决问题。

第二章

孩子的自信，
源于家长的欣赏与信任

父母的信任，是孩子自信的源泉

自信心在个人的成长和成功中起到了关键的作用，它是构建积极心态的基石，可以激发我们的能力和意志力。对于大部分人来说，只要他们具备正常的智力水平，再加上坚定的自信心，就有很大可能在自己的领域中脱颖而出。因此，我们作为父母，应该着重培养孩子的自信心。善于鼓励孩子、使他们信任自己的能力，这样的父母能够在孩子遇到困难时，帮助他们维持坚定的信念，勇敢地迎接挑战。

美国有一位教育专家进行了一次具有重大影响的实验，实验中他采用了一种独特的方法来评估学生的学习效果和态度。

首先，他将一个学习成绩普遍较差的班级当作优秀班级对待，给予这些学生同样的关注、鼓励和支持。同时，他将另一个学习成绩优秀的班级当作问题班级，对这些学生提出了更高的要求和挑战。

经过一段时间的教学实践后，这位教育专家得出了一个令人震惊的结果：原本学习成绩相差悬殊的两个班级，在实验结束后的综合测试中，平均成绩几乎持平。

具体而言，那些原本成绩较差但被当作优秀学生的人，因为受到了不明真相的老师的信心鼓励（老师误以为他们所教的是优秀班），他们的学习积极性大增。他们开始对自己的能力更有信心，更加努力地投入学习中去。这种积极的学习态度和自信心帮助他们逐渐提高了自己的学习成绩。

相反，那些原本学习优秀的学生却受到了老师对他们怀疑态度的影响。他们的自信心受到了挫伤，认为自己无法达到老师的要求，从而转变了学习态度。这种消极的心态和自信丧失导致他们的学习成绩下降。

通过这个实验，我们可以深刻认识到自信心对孩子的学习成绩的重要性。

下面这则小故事，会让我们的认识更加深刻。

在一个偏远的山村，过去十几年里，村里不少孩子不仅考上了大学，还陆续获得了硕士、博士的学位，还有些孩子毕业后成为颇有名气的企业家。这让外界十分好奇，纷纷探究这些孩子成功的背后到底隐藏着什么秘密。是因为他们急于离开这个偏远的山村，融入繁华的都市生活吗？还是另有其他特别的原因？

事实上，二十多年前，这个山村迎来了一位不同寻常的老教师。传闻中，这位老教师具有一种神秘的能力，他能精准地预测每一个孩子的未来。被他看中的学生里，有的被预言将成为杰出的物理学家，有的将成为才华横溢的画家，还有的甚至被看好在音乐界有所作为。

当这些预言传到孩子们耳中，家长们震惊地发现孩子们的学习态度和习惯发生了翻天覆地的变化。孩子们变得更加成熟和专注于学习，不再像以前那样对学习毫不在意。那些曾经让他们觉得枯燥无味的教科书，如今成了他们废寝忘食研究的对象。

那些被预言将成为物理学家的孩子，对物理学的热情尤为高涨，仿佛有一股强大的力量在推动着他们。他们开始自发地学习物理学的知识，不断挑战自己的极限，全身心地投入学习中。孩子的眼神中充满了对未知世界的好奇和探索的渴望。

至于那些被老教师看好会成为音乐家的孩子，则将课余时间都用在了专心致志地练习乐谱上。他们不再抱怨练习曲目的乏味和辛苦，而是以对音乐的热爱和追求为动力，全身心地投入每一次的练习中。随着时间的推移，他们的音乐表演技巧也在不断提高，逐渐显露出令人惊叹的天赋。

最令家长们感到欣慰的是，这些孩子在老教师的影响下，已经能够自主地去学习和探索，不再需要家长们的严加管教。他们被老教师灌输了一种坚定的信念："我将来会成为杰出的人，所以我现在就要努力学习，掌握那些复杂难懂的知识，一步步走向美好的未来。"

著名教育家陶行知先生说："教育孩子的全部秘密在于相信

孩子和解放孩子。"

信任并不是口头上说说就行了，它更需要通过实际行动来体现。当父母对孩子充满信心，坚信他们有能力完成任务时，就应该摒弃那些束缚性的规则和限制，采取一种支持性的方式来引导孩子的生活。这种方式能够让孩子感受到父母的关爱和支持，从而更加自信地面对生活中的各种挑战。

父母应该尽量避免对孩子施加过多的压力和控制，而是要关注孩子的情感需求，一旦孩子取得一些进步和成绩，父母应及时给予鼓励和肯定，以激发孩子的"成功基因"，让他们感受到自己的成就。这将有助于帮助孩子建立自信心，相信自己有能力实现目标，从而形成一个良性循环。

很多家长口头上说信任孩子，然而在日常生活中，孩子一遇到稍有难度的事情，家长就以"你做不到"为名主动代劳。其实，这种做法并不利于孩子的成长。

孩子们都有着强烈的好奇心和探索欲望，他们乐于面对挑战，很少会因为一时的失败而一蹶不振。孩子的成长和进步的速度都非常快，他们善于学习和模仿，渴望独立面对挑战，以向家长证明自己。因此，家长们应该尽量放下自己的顾虑，相信孩子有直面挑战的能力，相信孩子能够承受失败的后果，鼓励他们主动去做。只有这样，孩子才能真正地成长和发展。

自信离不开父母的耐心引导

成功不仅靠后天的努力，先天条件和环境，还需要以自信为前提。自信是坚信自己能成功的内心信念，即使面对困难也不动摇。这种信念需要后天培养，特别是在孩提时。消极心理暗示可能让孩子一事无成，积极心理暗示则能助他们成功。因此，孩子成长过程中需要鼓励、赞美和支持来培养自信。家庭教育应注重培养孩子的自信，在这过程中，父母的耐心引导至关重要。

希乐的父母都是企业高管，习惯在家中和单位发号施令，同时为孩子设计好一切。他们平时接触的都是杰出人士，因此对希乐的期望也非常高。一旦希乐稍有不足之处，便会遭到严厉的指责。长期下来，希乐逐渐失去了自信。

为了重塑希乐的自信，她的父母改变了策略，开始更多地称赞她而非批评。希乐因此逐渐找回了自信，整个人也变得开朗起来。但父母又开始担心她会骄傲自满，于是恢复了原来的教育方式。

有一次，他们为希乐报名参加了一个综艺节目，希望她能展示自己的才艺。但事情并未如他们所愿，希乐在一个简单的舞蹈动作中出错，摔倒在地，引来了观众的嘲笑。演出结束后，希乐的父母严厉地批评了她。

这次失败使希乐的态度发生了改变。她依然按时上课、练舞，但对自己要求更加严格。回家后，她会直接进书房专心写作业，甚至不出来吃饭。完成作业后，她会继续练习芭蕾舞至深夜。起初，父母为她的上进心感到高兴，但时间久了，他们开始担心她的身体会垮掉。

一天晚上，他们听到书房传来一声巨响，便立刻用备用钥匙开门进去。他们发现希乐坐在地上，泪流满面。当看到父母时，她哭着说："妈妈，我做不到……"看着女儿如此痛苦，希乐的父母意识到他们把孩子逼得太紧了。他们只关心让孩子早日成功，却忽略了孩子的感受，反而造成了伤害。这让他们既心疼又后悔。

下面给家长推荐四条黄金法则，帮助家长引导孩子自信地成长。

1. 给孩子有规则的自由。

让孩子自由发展，不过度干预，这是教育孩子的一个重要原则。这个原则的底线是规则意识。一个了解并遵守规则的孩子，不仅是一个乖巧的孩子，也是一个知道何时应该做什么、不应该做什么的人。在有底线、有秩序的环境下成长起来的孩子，有信心和底气做好自己的事。

当孩子有能力自由探索这个世界的时候，他们会充满激情地接受一个又一个挑战。孩子在成长过程中，每当想去尝试新事物的时候，最害怕听到的话就是"太危险了"或者"不能这么做"。父母的过度保护、干预，不仅会剥夺孩子尝试新事物的机会，还会让孩子变得没有主见，失去独立思考的能力。

我们在教育孩子的时候，应该告诉孩子要遵循三个原则：尊重自己和他人；不去伤害自己或随意打扰别人；积极帮助他人。只要孩子不违背这些原则，我们应该尽可能给孩子最大的自由，让他们自由地去探索和学习。

2. 发自内心的赞美。

父母对孩子的进步感到开心，就要毫不吝惜地夸赞孩子。马克·吐温曾说过："只凭一句赞美的话，我就可以充实地活上两个月。"这说明赞美是有"魔法"的。对孩子来说，父母的一句赞扬足以让他们满怀幸福感。然而，并非所有的赞扬都有效。正确地赞扬和鼓励孩子需要我们的细心学习和实践。

在孩子的一生中，他们都在寻求父母的肯定和认可。如果孩子得到父母的赞扬、尊重和认可，他们会非常愿意用行动向父母展示他们的优秀

3. 给孩子选择权。

给孩子足够的选择权，是帮助孩子建立自信心的关键之一。

孩子获得自主选择权，可以让他们获得掌控感。让孩子做决定不仅可以培养他们的自主权，更是培养他们自信心的重要方式。适当让孩子做决定，可以让他们感受到被尊重和信任，从而增强自信和成就感。

4. 尊重孩子的成长规律。

每个孩子从出生的那一刻起，都是一个独立的个体，他们有自己的成长规律。尊重孩子，就要尊重他们的成长过程。儿童的发展呈现出阶段性的特点，这些阶段在动作、语言、社会行为和情绪等方面有其特定的发展顺序。

作为父母，我们不能只是静待孩子的成长，还需要默默耕耘。只有这样，孩子才会对未来充满希望。我们需要让孩子按照自己的成长步调成长，这样孩子才能进行正常的心智发展和自我构建。孩子的心灵具有吸收性，周边的环境会启发孩子的心智，这对他们将来能成为什么样的人有着深远影响。因此，一个自信、阳光、乐观的孩子离不开父母的用心栽培。

勇气是父母给的，也是父母毁的

经过数千年孔孟之道的熏陶，国人形成了独特的性格：内敛、含蓄、宽厚、谦卑。然而，这种含蓄的性格在当今社会可能会使我们错失良机。那么，我们需要怎样的勇气才能大声地宣告"我行"呢？

在家庭教育中，我们应该注重培养孩子勇于表达和展示自我的能力。特别是对于性格内向和胆小的孩子来说，这一点尤为重要。

父母都希望自己的孩子是勇敢的、坚强的，不愿意孩子成为一个胆小、没有勇气的人。

小帅今年八岁，他有着一双大大的眼睛和帅气的外貌，但他却是一个非常胆小的孩子。他总是害怕在人群中表达自己，甚至连在课堂上回答问题都会让他感到紧张和恐惧。

小帅的同学们都知道他的这个秘密，有些人会嘲笑他，有些人则会耐心地鼓励他。但是，小帅总是无法克服自己的心理障碍，每次到了需要表达自己的时候，他就会面红耳赤，声音颤抖。

小帅的父母非常担心他的情况，他们希望能够帮助小帅克服这个障碍。于是，他们开始带小帅参加各种社交活动，希望能够帮助他逐渐适应人群，并学会表达自己。

然而，每次参加活动时，小帅总是躲在父母的身后，不敢和陌生人交流。他的父母虽然很心疼他，但也知道如果不帮助他克服这个障碍，会对他的成长和发展造成很不利的影响。

于是，小帅的父母开始在家里为他创造各种机会来表达自己。他们鼓励小帅在课堂上回答问题，参加学校的演讲比赛，甚至在家里举办小型聚会，让小帅有机会在亲戚朋友面前表演节目。

渐渐地，小帅开始有了一些改变。虽然他还是有些害怕，但他开始尝试勇敢地表达自己，声音也不再颤抖。同学们也改变了对他的态度，对他更加友善和尊重了。

在一次学校的才艺比赛中，小帅决定挑战自己。他选择了一首喜欢的歌曲，并努力练习了一个星期。比赛当天，小帅紧张地走上舞台，他的父母和同学们都为他加油打气。

当音乐响起时，小帅开始演唱。起初他的声音还有些颤抖，但渐渐地进入了状态，声音变得越来越稳定和自信。观众也被他的表演所吸引，纷纷为他鼓掌和欢呼。

表演结束后，小帅紧张地等待评委的评分。当听到自己获得了第一名的好成绩时，他激动地跳了起来。这次的成功让小帅更加自信和勇敢，他开始主动参加各种活动，展示自己的才艺和表达能力。

教育专家指出，当孩子通过自我表现获得赞美，体验到被肯定的喜悦时，他们的自信心就会增强；而自信心的增强又会激发孩子更加勇敢地展示自己。因此，专家建议父母在以下三个方面关注培养孩子的勇气和自信。

1. 扩大孩子的社交圈子。

通常，那些胆小的孩子在面对众人的目光时，并不是厌恶，而是不安。胆小的孩子并不排斥他人的赞美和掌声，只要观察他们对同伴的目光，就能明白这一点。因此，家长应该有意识地扩大孩子的社交圈子，让他们经常接触陌生的人和环境，以减轻他们的不安。父母可以在空闲的时间，带孩子到邻居家聊天；引导孩子找小伙伴一起玩耍，增加社交次数。在购物时，甚至可以让孩子代劳付账。经常带孩子去同事和亲戚家串门；节假日时，一家三口背上行囊去旅游，让孩子置身于川流不息的游客中……随着他们的见识增长，孩子在面对众多陌生的目光，就会变得坦然、习以为常。

2. 发现孩子的优点并多鼓励。

孩子可能会因为胆怯而不敢表现自己，他们担心展示才华变成露怯。因此，发现并培养孩子的特长，然后帮助他们建立自信就显得尤为重要。我们可以通过各种方式来发掘和培养孩子的才华，比如唱歌、跳舞、数数、背诵古诗、讲故事、画画和模仿等。一旦发现孩子的特长，父母应该为他们创造机会，让孩子在众人面前展示才能。同时，我们也要给予孩子热情的鼓励，以此来增强他们的自信心。当孩子因为得到赞赏而兴奋时，我们可以说："你唱得真好听，小朋友们一定会喜欢的！"或者"我们的邻居可能会误以为家里有只百灵鸟呢，下次你可以为大家唱一曲。"即使孩子不能立刻接受这个建议，但至少他们会对这个美好印象有所记忆。

3. 创造机会让孩子多表现。

在家庭聚会时，父母可以适时地鼓励孩子："今天是外婆的生日，如果你能为外婆唱首歌，她一定会非常开心。"甚至可以用物质奖励来激励孩子："如果你能为大家唱一首歌，商店里的毛毛熊也许会愿意到我们家来跟你学唱歌。"

需要注意的是，父母在鼓励孩子时要适度，不要在大庭广众之下大声宣布，要给孩子留有一定的余地。众人的期待或者善意的笑声可能会增加孩子的心理压力。如果孩子仍然拒绝，父母应该尊重孩子的选择，给孩子一个台阶下："是不是今天没有准备好呢？那我们下次准备好了再唱吧。"这样既可以保护孩子的自尊心，又能提醒孩子下次要做好准备。

这样教，孩子没有自卑感

每位父母都希望孩子能成龙成凤，但孩子们如何才能顺利成长并取得成功呢？美国作家杰克·霍吉在《习惯的力量》一书中给出了答案："思想决定行为，行为形成习惯，习惯塑造性格，性格决定命运。"这句话告诉我们，孩子未来的成功不仅取决于他们的能力，更与他们的性格紧密相关。

一个人的性格决定了他的生活轨迹。自信的孩子通常充满积极与乐观，他们拥有强大的自我驱动力，因此更易成功；相反，自卑的孩子常常活得疲惫而艰难，难以在社会中立足。

有个失意的小伙子跑到巴黎，希望查尔斯叔叔能帮他找份谋生的工作。

"你数学好不好？"查尔斯问。

小伙子尴尬地摇摇头。

"历史和地理呢？"查尔斯又问。

小伙子还是不好意思地摇头。

"那法律怎么样？"查尔斯再问。

小伙子窘困地垂下了头。

查尔斯接连发问，小伙子都只是摇头，他觉得自己一无是处。

"那你先把你的住址写下来，我总能帮你找到一份差事的。"查尔斯最后说。

小伙子没精打采地写下了自己的名字和住址，正要离开，却被查尔斯拉住了："你的名字写得真漂亮，这就是你的优点啊！"

"把名字写得漂亮也算优点？"小伙子奇怪地问。

"你能把名字写得让人羡慕不已，那你就能把字写得潇洒飘逸，能把字写得潇洒飘逸，你就能把文章写得妙趣横生……"

受到鼓励的小伙子脸上立刻露出了笑容，离开时的脚步也变得轻松、自信了起来。数年后，小伙子果然写出了风靡一时的经典作品，这个年轻人就是家喻户晓的 19 世纪法国著名作家大仲马。

自卑感是一种对自我评价的消极态度，它对个人的成长和身心健康具有很大的负面影响。有些孩子总是毫无根据地怀疑自己的能力，看不到自己的优点，觉得自己不如别人，感到自己低人一等，这种无形的压力使他们无法充分发挥自己的潜力。

很多有才华的孩子却自卑敏感，认为自己无法成就大事，认为别人肯定比他更优秀，长此以往，他们就会泯然众人。还有一些孩子，他们在别人关心的领域上并不擅长，又被人不断地刻意提醒在某方面有问题、有缺点，这使得他们不仅在不擅长的事情上放弃了挑战，甚至对原本擅长的方面也失去了信心。

孩子们的思想还不成熟，往往会把别人的话当真。如果家长总是关注孩子的缺点而忽视其优点，孩子就会对自己的能力持怀疑态度，认为自己没有什么值得骄傲的地方。这样的观念一旦形成，无论家长如何夸奖和鼓励，孩子都不会相信，反而会认为家长只是在安慰自己罢了。

奥地利心理学家阿德勒认为，自卑感起源于人在幼年时期由于无能而产生的不胜任与痛苦的感觉。孩子有了自卑心理后，如果家长没有对其进行正确的引导，就有可能因自卑而造成人格的不完善，而这种不完善将影响孩子的一生。

那么，父母如何纠正孩子的自卑心理呢？以下几种方法可供父母们参考。

1. 适当设定期望值。

家长对孩子的要求应该适当，不能苛求。这些要求应该与孩子的能力和水平相适应。当孩子取得成绩时，家长应及时表扬和鼓励，以增强孩子的自信心。对于学习成绩差的孩子，家长应该用关心和安慰的态度帮助他们分析产生错误的原因，并给予耐心的指导，逐步提高他们的成绩。这样，孩子就能看到自己的进步，逐渐树立自信心。

2. 丰富孩子的知识，开阔眼界。

父母应该有意识地帮助孩子丰富知识，开阔眼界。有见识的孩子往往更自信，因为他们知道得更多。因此，父母应该提供各种资源和机会，让孩子接触不同的知识和经验，从而提高他们的能力。

3. 建议使用小目标积累法。

父母可以建议孩子使用小目标积累法来处理自卑感。这种方法可以帮助他们从已经实现的小目标中得到鼓舞，增强自信。每当他们实现一个小目标时，他们都会感到满足和自豪，这会进一步增强他们的自信心。

4. 教孩子学会扬长避短。

父母教会孩子扬长避短也是非常重要的。每个人都有自己的长处和优势，同时也会有短处和劣势。如果过于关注自己的短处，可能会产生自卑感。相反，如果能够发现并强化自己的长处，就能更好地应对挑战。此外，家长还可以帮助孩子找到合适的补偿目标，从中汲取动力，将自卑转化为奋发图强的动力。

5. 驱除孩子心中失败的阴影。

父母应该帮助孩子将失败视为学习的机遇，帮助他们认真分析失败的原因，从中学习和吸取教训，总结经验。这种积极的态度可以让孩子看到失败的另一面，即它是成长和进步的催化剂。父母可以教孩子有意识地遗忘那些不愉快和痛苦的事情。或者，他们可以用成功的经历去驱除失败的阴影。这种方法可以帮助孩子重新找回自信和乐观。

6. 引导孩子建立积极的人际关系。

父母引导孩子建立积极的人际关系也是非常重要的。自卑的孩子通常孤僻、不合群，喜欢自己独处。然而，积极的人际关系会为他们提供必要的社会支持系统，有利于他们减轻压力、调整心态，使他们的性格也会变得更加开朗。此外，通过与他人交往，他们能更客观地评价自己和他人。

7. 保护孩子的自尊心。

保护孩子的自尊心是建立自信的关键。如果家长在孩子做错事时冷嘲热讽，甚至动手打人，这会严重挫伤孩子的自尊心。在这种情况下，家长应该关心和体谅孩子，告诉他们每个人都会犯错，只要知错就改，下次不再犯就行。这样，孩子才能排解消极情绪，越来越自信。

经常肯定孩子，少说"不"

有研究表明，很多父母对 5 岁以下的孩子说的最多的一句话就是"不，不可以"，这个不行，那个不准，简直成了口头禅，回想一下，你是不是也是这样呢？

在这里，举一个例子，加州大学的语言系教授乔治·莱考夫经常在认知科学基础课上，让他的学生们参与一项活动。他反复告诫学生："不要想粉红色的大象！不要想粉红色的大象！"结果呢？学生们脑海中浮现的，无一例外都是一只粉红色的大象。

这个场景是不是让人感到熟悉？

许多家长也会反复告诫孩子："不要乱跑，不要咬手指，不要爬窗台，不要撕书，不要挑食，不要玩电脑……"然而，孩子们却更加兴奋地做着所有被禁止的事，且乐此不疲。这到底是为什么呢？

实际上，这并不是孩子们的错。因为人类的大脑就像一台信息处理机器，会更优先处理正面的信息，而对负面信息的处理相对较慢。也就是说，当左脑接收到某种语言时，右脑会自动产生与之对应的画面。大脑在过滤掉否定的词后，会重复强化右脑出现的画面，从而产生心理暗示。

所以，当父母过分强调"不要"时，孩子们听到的其实是"要"。往往随着矛盾不断升级，孩子作为弱势的一方，被强贴上"不听话"的标签。如果冷静下来仔细思考，你会发现自己才是那个不断向孩子灌输"粉红色大象"的人。

许多父母还经常用负面的语言伤害孩子。例如，有一个家长在假期给孩子买了很多书，约定每天给孩子讲三个书中的故事，孩子也给妈妈讲三个故事。然而，到了第三天，孩子开始耍赖，要求妈妈讲六个故事，他自己一个都不讲，只想听妈妈讲。

不管怎么说，孩子就是要妈妈讲故事，自己只是听，妈妈对此很生气，将书往地上一扔，并说："你不读了，我就把书送人"。孩子也生气地说："送人就送人，你就是不想给我讲故事。"

过了一会儿，妈妈冷静下来，问孩子为什么要让妈妈讲那么多故事，而自己一个都不讲。

孩子委屈地说："因为我想多听故事，我自己不想讲，因为我没有妈妈讲得好，而且好多字我不认识。"

于是，妈妈耐心地建议："那咱们用点读笔读吧，讲得又多又有意思。"

孩子突然转身抱住妈妈，哽咽着说："可是，点读笔不会抱着我啊，你讲故事的时候是搂着我的。"

当父母发现孩子犯错的时候，常常会变得焦躁，甚至被气得头昏脑胀。在这种情况下，父母的情绪可能会失去控制，将愤怒表现在言语和行为上。然而，有时候孩子们可能会故意做出一些烦人的行为，以激怒父母。在这些孩子看来，能让大人们生气也是一种成就。因此，父母需要保持冷静，用平和的语气表达对孩子的期望。这样，孩子们就会明白无理取闹是无效的。

意大利的一位教育家曾经说过："对孩子的爱不仅需要给予，还需要让他们感受到。"

每当孩子被父母误解时，他们可能会非常生气。但是，过了一段时间，他们又会无条件地原谅父母，就像忘记了他们曾经生气一样。孩子会继续快乐地成长，而不再纠结于大人的错误。

此时，父母应该反思自己，管理好自己的情绪。我们应该蹲下来，更多地听听孩子内心的声音。只有这样，才能减少对孩子的误解和伤害。

在平常的生活中，我们可以尝试用积极的话语来引导孩子。将"不要……"替换为"让我们一起去做……吧"，并且避免添加其他隐含的意思，这样我们就可以成为让孩子感到舒适和愉快的父母。在培养孩子健康的生活习惯时，与其不断提醒他们"不要多吃糖"，不如说"让我们一起做一个水果沙拉吧，这个更有营养价值"。

如果你想让孩子提高专注力，那么与其不断告诫他们"不要三心二意"，不如说"我们可以一件一件地玩这些玩具"。如果你想让孩子变得更勇敢、更善良，那么与其反复告诫他们"不要后退"，不如鼓励他们说"再坚持一下，你是最棒的"。

从正向思维出发，我们需要引导孩子表达他们内心想法和情绪。很多时候，孩子的叛逆并不是因为事情本身，而是感受到了来自父母的威胁和控制。有时候，贪得无厌、不可理喻的并不是孩子，而是父母。每个不听话的孩子背后，通常都有一个经常使用否定句的家长，以权威评判者的姿态去否定孩子的行为，却很少反思自己的话是否正确，表达是否恰当。

明智的父母不应该扮演差评师的角色。我们应该经常说一些好听的话，做一些善意的事情，这样孩子就会向着阳光生长，他们的内心会变得更加阳光和自信。

正向鼓励，助力孩子展翅高飞

让我们来做一个假设，如果把一个人的精力划分为 100 份，那么一个孩子每天需要拿出多少份精力来应对父母的责备呢？对一个孩子来说，这是一个经常遇到的问题。因此，我可以肯定地说，有相当一部分孩子需要投入一半的精力，甚至更多。

想象一下，有两个条件相同的孩子。其中一个孩子从父母那里得到了支持、喜爱和赞赏，当他回家后，不需要花费精力去应对其他问题，他可以将大部分的精力投入学习中。而另一个孩子需要将一半的精力用在与父母的争吵和解释上。那么，谁的表现会更好呢？答案自然是显而易见的。

在孩子的成长过程中，要想实现全面的发展，积极的心理暗示和父母的认同都是必不可少的因素。只有获得积极性的自我认同，孩子才有上进的动力。如果父母总是对孩子进行批评，那么孩子就会像被压在石头下的种子，想要从束缚中挣脱出来，都需要付出巨大的精力，哪还有余力茁壮成长呢？所以，那些总是抱怨孩子没有上进心的父母，是不是应该反思一下：到底是孩子不愿意上进，还是因父母过于挑剔而压制了孩子的上进心呢？

乔丹从小就热爱篮球，总是梦想自己能长得像大卫·汤普森那样高，成为篮球界的超级巨星。他总是天真地问妈妈："妈妈，我能不能长得更高？"妈妈总是笑着安慰他："当然可以，我们的小乔丹会长得更高的。每天晚上你睡觉的时候，妈妈都会为你祈祷，还会在你的鞋子里撒盐，这样你就会长高了。"在妈妈的鼓励和支持下，乔丹对篮球充满了美好憧憬。乔丹曾经激动地告诉妈妈："总有一天，我会参加奥运会，我会得金牌！"母亲相信他能实现梦想，他们一起努力朝着目标前进。尽管在中学阶段遭遇过挫折，但乔丹从未放弃，因为他知道妈妈始终支持他。在妈妈的支持下，乔丹不断进取，实现了一个又一个目标，最终成为 NBA 历史上最伟大的球星之一。他在自传中这样分析自己成功的原因："我能有如此的成就，除了有精湛的技术外，最重要的一点就是有上进心，并时时刻刻以积极的心态面对挑战。"

迈克尔·乔丹的进取心源自他对篮球的执着追求和母亲不懈

的鼓励。正是这两方面的共同作用，使他不断地向前迈进。

父母通过培养孩子的上进心，可以让他们以充满热忱的态度去拥抱世界的一切美好。

一位心理学家在他的宝贝儿子即将踏入学校的大门之前，教给他一个取得成绩好的诀窍：在学校里要勇敢地举手，保持一颗积极向上的心，积极回答老师的各类问题。于是，每次老师提问的时候，他总是率先举起手来。举手回答的前提是他需要全面理解老师所说的每一字、每一句。同时也意味着他要在课堂上始终保持专注，不断在心里"反刍"老师所教授的知识。

随着时间的推移，老师对这位总是热情洋溢、积极举手的小男孩留下了深刻的印象。每次他举手，无论是为了提问还是回答问题，老师都会给予他特别的鼓励，让他自由地表达自己的想法。这种积极进取的态度使他的学习进步和自我肯定的程度都远远超过了其他同学。

多主动回答、提问是那位心理学家教给儿子的学习诀窍，也是提升孩子做事积极性的方法。因此，拥有上进心需要积极主动，因为任何自卑、胆小和犹豫的行为，只会导致个性的萎缩和人际关系的失败。

为了激发孩子的上进心，家长可以采用以下几种方法。

1. 设定一个小目标。

这个小目标应该是孩子能够实现的，这样他们就能体验到成功的喜悦，从而增强自信心。例如，如果孩子对写作没有兴趣，家长可以鼓励他们多写作文、积累素材，多练习写作，从写一个人物、一个场景开始，逐步提高写作水平。

2. 帮助孩子分析失败的原因。

当孩子的成绩下降时，让他们回想以前的成就和老师的鼓励，然后分析成绩下降的原因，比如由于生病、学习方法不当等，以便他们能够恢复信心，并采取相应的措施，比如抓紧时间复习、改变学习方法等。

3. 培养孩子的特长。

每个孩子都有自己的特长，家长应该耐心地发现并培养这个特长，让孩子感受到自己的价值，从而提高他们的上进心。例如，如果孩子喜欢下棋，家长应该及时鼓励他们，甚至可以让他们想象一下成为棋王的情景。

表扬有度，别让自信膨胀成自大

过度的批评会削弱孩子的自信心和上进心，甚至可能导致他们一蹶不振。然而，过度的夸奖也会导致孩子走向另一个极端。赏识教育的理念如今受到了许多家长的欢迎，一些过于严厉的家长由此也改变了态度，不再批评孩子，甚至对孩子的缺点和错误不加以指出，只采用夸奖的方式教育孩子。这种做法显然也是不可取的。

悦悦是个美丽的小女孩，聪明、活泼，深受邻里及亲戚的喜爱。她的妈妈对她宠爱有加，无论她做什么，妈妈总是赞美她。然而，有一天，悦悦玩得过于兴奋，拿着水杯转圈，杯子里的水洒得到处都是。妈妈责备她，但悦悦并未理会，继续玩闹，一下子把妈妈的愤怒值提到了顶点。妈妈把悦悦带到卧室让她反省。过了一会儿，妈妈再次找到悦悦，尝试和她讲道理。悦悦也表示认识到了自己的错误，妈妈要求她把地上的水用墩布弄干净。这时，悦悦小声地请求妈妈："那你夸夸我，说我真棒，真是个好孩子。"妈妈反问道："明明是你自己犯了错误，还好意思让我夸你？"听到这个回答，悦悦瞬间泪如雨下。妈妈立即安慰她："你是我的好女儿，你真的很优秀……"

当孩子年满 3 岁后，开始形成自我认知。如果我们过分地赞扬孩子，他们就可能会认为"我与众不同，我比他人优秀"，这可能会导致孩子的虚荣心和傲慢心增强，也就是老人们常说的"眼高于顶"。这种情况下，孩子可能会出现两种问题。一是他们对自我期待过高，永远不满足，而且他们的目标明确，只关注结果而忽视过程。这可能导致他们难以获得成功，而失败又会让他们感到严重的挫败感，自信心逐渐消退，甚至可能变得消极。

二是孩子过于追求外在表现，喜欢展示自己，突出自己。如果没有展示的机会，他们可能会感到失落，这种痛苦情绪可能会伴随至他们成年。因此，喜欢赏识教育的家长们需要注意，不要无限制地、片面地表扬孩子，也要适时地给孩子一些压力，让孩子树立起合理的危机意识、竞争意识。

下面，我介绍一下德国教育家卡尔·威特的育儿方法。

一天，卡尔·威特带着他的儿子小威特去朋友家参加聚会，他的儿子因为拥有超常智力而广为人知。一位擅长数学的朋友对小威特的智力表示怀疑，并决定考验他。卡尔·威特同意了，但他要求这位朋友，无论小威特的答案如何，都不能过分赞扬他的儿子。因为老威特认为，他的儿子已经得到了太多的赞扬，他担心过度的赞美会导致孩子变得骄傲。

这位朋友给小威特出了三道数学题，小威特都用两种或更多的方法解出了答案。这让朋友开始赞扬小威特，但老威特立刻转移了话题，这时，朋友才想起了他们的约定。随后朋友出的题目越来越难，甚至超出了小威特的能力范围。朋友非常兴奋，又拿出一道更难的题目来"刁难"小威特："你再考虑一下这道题，这是一位著名数学家花了三天才解决的。我不敢保证你能做出来。"

那道题是一个农夫想将一块地分成三等份，每个部分都要与整块地相似，这是一道非常难的题。等小威特在解答题目时，朋友带老威特走到走廊里，安慰他说："别担心，你儿子再聪明，这道题也很难做出来。我只是想让他知道世界上还有这么难的题目。"然而，没过半小时，他们就听到小威特喊道："我做出来了！"

"不可能。"朋友说着就走过去看。

但事实让朋友对小威特赞不绝口："真是天才，现在你已经胜过大数学家了！"

老威特立刻接过话说："您过奖了，这半年来儿子在学校听数学课，对数学有了很深的理解。"

朋友这才理解了老威特的意图，点头说："是的，是的。"不要认为老威特对孩子太严格，事实上他非常赞同赏识教育。只不过他认为，表扬不能过多、过高，因为过多的赞美会让孩子产生自大的感觉，认为自己比任何人都要优秀，将来他们就无法承受任何挫折和批评。

卡尔·威特给父母的建议是，孩子们不应该在过度批评的环境中成长，但同样也不能被过度的赞美所蒙蔽。他始终坚持这样的教育方式，即使小威特已经做得非常好，他也只会简单地说"你做得很好"，而从不过分赞扬。只有当小威特做出了特别出色的成就时，父亲才会亲吻他，但这种情况并不常见。因此，对于小威特来说，父亲的亲吻是一种非常珍贵的赞扬。通过这种适度的赞扬方式，老威特让小威特明白了获得赞扬的不易，也因此更加努力地学习，而不是沉溺于赞美之中。

专家们经过研究发现，那些并非依靠早期教育，而是凭借天赋崭露头角的神童，成年后往往更容易变成普通人。许多有着极高潜力的孩子未能将潜能完全发挥出来，关键在于这些孩子的骄傲和自大。在这个世界上，没有什么比骄傲自大更危险的了，沉迷于赞美之中的后果就是天才变庸人。

许多父母认为自己的孩子是最优秀的，深谙赏识教育的力量，不断地赞美孩子。父母的赞美语言犹如瀑布般滔滔不绝，例如："孩子，你真是太聪明了，像一休哥一样。""你的作文写得太好了，写作水平比作家还要高。"然而，当赞美变得泛滥时，它的价值也就随之减少。过多的赞美就像某些糖分过多的食物，吃多了反而会对身心造成伤害，引发不良反应。

因此，父母在表扬孩子的时候必须注意以下几点。

1. 要让孩子了解骄傲的危害。

父母应该向孩子阐明，骄傲是阻碍他们健康成长的障碍。无论孩子取得多好的成绩，都只是阶段性的、局部的，只能作为一个起点。在学习上，知识是无边无际的海洋，如果因为一时的成绩就变得骄傲自满，那只能说明他的知识还不够丰富，视野还不够开阔。父母应该有意识地引导孩子去了解一些成功者的经历，告诉孩子，无论是古代还是现代，那些有所作为的人，都是在取得一定成就后仍然能保持谦虚和努力的人。

2. 要帮助孩子全面了解自己。

当孩子产生骄傲的情绪时，通常是因为他们在某些方面有特长或优势。父母应该首先分析这种骄傲的来源，是学习成绩优秀，还是有一些艺术天赋，或者是具有运动方面的才能。然后，要让孩子明白，他的优势只是在一个小范围内有效，如果放在更大的范围内，这种优势就会消失。因此，正确的态度应该是积极进取，而不是骄傲自满；优势和不足往往是共存的，应该努力弥补自己的不足。

3. 要让孩子学会正确面对批评。

面对批评和建议，我们需要的是持续学习和改进。批评通常会直接指出我们的不足，这是我们改进的机会。对于孩子来说，他们在评价自己时可能会受到视野的限制，这就是所谓的"不识庐山真面目，只缘身在此山中"。如果我们能保持开放的心态，接受他人的批评，就能不断成长和完善。

最后，赞美孩子时要公正、客观、具体。既要赞美他们的优点，也要适当地提醒他们改正缺点。这样做不仅能推动他们的进步，又能防止他们因为成长过于顺利而变得自负。

第 三 章
从人格到行为，
培养孩子的独立性

独立思考，有主见的孩子心智高

　　《伊索寓言》中有一个广为人知的故事——"父子抬驴"。一个父亲和他的儿子一起赶着一头驴去集市。他们刚开始走时，就有人笑话他们："你们这么笨，不知道骑驴吗？"父亲立刻让儿子骑上了驴。然后，另一个人批评儿子："你怎么能让父亲走路，这太不孝了。"儿子一听，急忙让父亲也爬上了驴背。后来，又有人讥讽父子说："两个人共骑一头驴，不怕把驴累死吗？"父子俩听后立即从驴背上下来，开始抬着驴走。当他们过桥的时候，驴突然挣扎了一下，结果掉进了河里淹死了。

　　这个故事的寓意很直白：父子俩都是没有主见的人，他们轻易地被他人的批评和嘲笑所影响，最终导致巨大的损失。

　　爱因斯坦曾说过："学会独立思考和独立判断比获得知识更重要。不下决心培养思考习惯的人，将失去生活的最大乐趣。"

　　在现实生活中，父母都喜欢那些听话的孩子，并以"听话"作为评判他们优劣与否的标准。听话的孩子无疑让父母很"省心"，但是过分听话而缺乏自我主张，那就成为孩子成长方面的短板。我们需要认识到，一个成功的人必须具备的关键特质之一就是有主见。因此，我们在教育孩子守规矩、听话的同时，也应该教育孩子如何自己做决断。

马腾已经 10 岁了，但他从没有自己做过决定。无论遇到什么事情，他总是说："请让我先问问妈妈再做决定。"

实际上，马腾曾经是一个有自己想法的孩子。然而，由于妈妈总是替他做出决定，导致他现在无法独立思考。举个例子，马腾本来想穿黄色的运动衫，但妈妈建议他穿紫色的，理由是"紫色显得更有精神"。于是，马腾就听从了妈妈的意见而选择了紫色的衣服。渐渐地，马腾习惯了将一切事情都交给妈妈来决定，甚至购买铅笔这样的小事也要妈妈帮他挑选颜色。

有一次，班级即将举行春游活动，老师需要根据参加活动的学生人数来租车。在询问同学们是否愿意参加时，大多数同学举起了手。只有三个同学没有举手。老师询问他们不举手的原因。张翰表示要和父母回老家，所以不能参加春游；苏荷则因演出时间与郊游时间冲突而缺席。

当老师问到马腾时，他说："老师，我还不确定是否可以参加，我要回家问问妈妈再给您答复。"同学们听后纷纷笑了出来。老师问道："马腾同学，你想不想去呢？"马腾回答："既然同学们都去了，我也想去。"老师接着说："那你直接报名就可以了，回家再告诉你妈妈。""不行，这个决定还得让妈妈做，我不知道她会不会同意。"马腾回答道。听到这里，老师无奈地摇了摇头，估计她心里也在想：这个年纪的孩子怎么就不能自己做决定呢？以后可怎么办呢？

在美国，一位心理学家对 1500 名儿童进行了长期的追踪研究。在 30 年后，他发现 20% 没有取得显著成就的人与另外那 20% 取得最大成就的人之间，存在着显著的差异。这些差异并非源自智力水平的不同，而是个性品质的差异。研究发现，那些表现突出的人，往往具备独立思考能力和较强的独立性。

为何我们要培养孩子的独立思考的能力呢？这是因为：

1. 独立思考能力可以提升孩子的学习能力。

在进入学校之前，孩子们接触的事物相对较少，也没有考试压力，因此他们的思考能力有限。但是，一旦开始接受学校教育，他们就会面临大量的作业和考试。这时，独立思考能力变得非常重要，因为学习不仅仅局限于课堂，更重要的是依赖于自主学习意识和有序学习计划。如果孩子没有自主学习意识以及制订学习计划的能力，他们的学习成绩就很难有所提升。

2. 独立思考能力可以增强孩子的逻辑思维能力。

如果孩子在学习过程中缺乏触类旁通、举一反三的能力，那么他们在遇到稍有变化的题型或者改动了一些数字的题目时就会束手无策，只能寻求他人的帮助。这样的孩子在思维上是被动的，其学习成绩自然也难以提高。独立思考的过程就是训练逻辑思维的过程。

3. 独立思考能力可以帮助孩子更好地规划自己的人生。

没有独立思考能力的孩子通常也缺乏想象力和创造力，他们在生活和学习中往往墨守成规，这会限制其成长和发展的空间，从而给其实现人生价值造成阻碍。而拥有独立思考能力的人清楚知道自己真正需要什么，他们对自己的未来有明确的目标。孩子拥有独立思考的能力，他们会清楚明确自身的目标，并且从小就为此努力。

作为父母，我们期待自己的孩子在未来能够拥有独立的思想，有主见，不会盲目跟从，也不会轻易相信他人。这些恰恰是一个能够独立思考的孩子应有的特质。然而，在现实生活中，多数的孩子最缺乏的就是这种能力。

因此，培养孩子的独立思考能力是当下的重要任务。为此，我们需要做到以下四点。

1. 为孩子创造一个独立思考的环境。

在家庭中，我们应该营造一个鼓励思考的氛围，让孩子能够形成自己独特的个性和创新意识。我们不能因为孩子还小，需要大人的照顾就把他们当作家庭的附属品。营造亲子互动氛围、经常进行启发式的提问，都是给孩子创造独立思考环境的手段。

2. 让孩子学会自己去思考问题。

在和孩子的交流和互动中，我们应该以商量的方式进行，给孩子留下思考的余地，让他们有机会提出自己的想法。我们可以通过提问来引导他们的思考，例如："你觉得怎么做会更好？""你觉得他们之间有什么联系？"这样提问可以引发孩子的思考。

3. 要倾听孩子的想法。

尽管孩子的想法可能看起来天真、幼稚、不着边际，但我们不能忽视其中有道理的地方。我们应该抓住这些有道理的地方，鼓励他们深入地阐述自己的思路，这样可以激发孩子对思考的兴趣，增强孩子自我探索的信心。

4. 要鼓励孩子勇于尝试。

在孩子们的探索和发现过程中，他们会去尝试做各种各样的事情，尤其是在两三岁的时候，比如孩子在玩积木的时候，会尝试各种各样的方法，而不是一下子就能做对。正是因为通过这些尝试，才有了思考，在这个过程中，他们不断地学习、尝试，也随之开阔了视野。

孩子不是机器，家长别当"远程遥控器"

"如果你再不听我的话，我就不会管你了。"

"如果你连我的话都不听，那你就自生自灭吧！"

这些话是不是特别熟悉？这其实是控制型父母的常见表达方式，他们认为孩子只有"听话"和"不听话"两种状态，没有个性的存在。家长把服从自己的，视为好孩子；而不服从自己的，则被视为坏孩子。

这种过度的控制欲会让孩子内心感到痛苦，更糟糕的是，许多家长并没有意识到这种控制欲会伤害孩子，孩子长期处于这种控制压力之下，也会不断积蓄反抗的情绪。

控制欲强的父母，不管孩子的年龄多大，在他们的眼中，始终是不能独立处理任何事的"稚嫩花朵"。因此，家长总是想要插手帮助孩子。这种类型的父母往往无法理性地看待孩子的能力和成长过程，总会以自己的想法和期待来衡量孩子的行为。这种做法无疑是对孩子的不尊重，也是在抑制孩子的独立性。还有的父母担心孩子会因自己放松管教而导致彼此产生距离感，为了满足自己的安全感，便从小控制孩子，以此来获取一种虚假的安全感。

父母的过度管控，实际上是在剥夺孩子各方面的能力。这种做法会让孩子对自己的未来缺乏明确的理解，从而使他们在做决定时没有计划，也没有原则。

英国伦敦大学的一名学者曾经指出，父母过度的控制行为与孩子的心理健康问题有着直接的关系。父母的控制欲过强，对孩子造成的负面影响可能会持续一生。

有一项研究，内容是对 1000 个人进行生活幸福感指数的测试，结果显示，那些在童年时期独立意识被父母打压的人，其总体幸福感指数较低，无论过了多少年，父母的打压对其所产生的负面影响依旧存在。

还有一组令人震惊的数据：大约有 10% 在控制欲强烈的原生家庭中长大的孩子曾有过自杀的念头。这些孩子从小就生活在父母的严密监控下，没有隐私，没有自我，所有的事情都是由父母安排的，他们没有话语权。这些孩子找不到活着的意义，精神上受到折磨，容易冲动甚至做出自残、自杀等极端的行为。

在网络上有人提问：如果父母控制过严，会对孩子产生什么样的影响？一个得到高赞的回答是："过度的控制可能会导致孩子失去自我。他们可能变得非常顺从，没有自己的需求和观点。

这种情况就像生活在一团迷雾中，感觉自己并不是真正的自己，好像在过着别人的生活。"

被操控的孩子可能会变得服从性特别好，不敢对权威提出质疑。例如，有些孩子极度缺乏自信，在做任何决定之前都要向父母请示。到了成年，甚至在相亲时也要带着家长。无论对方说什么，他都要先问家长的意见。

这种现象就是我们常说的"妈宝"。如果你仔细观察，你会发现每个"妈宝男"或"妈宝女"背后，都有一对控制欲强的父母。这些父母喜欢否定和批评孩子，孩子还不能反驳，一反驳就会遭到更强烈的批评。

父母强烈的控制欲就像一把无形的枷锁，时刻束缚孩子的身心。孩子总是提心吊胆，畏首畏尾，自信和勇气已经荡然无存了。

在这样的环境下，孩子们在成长过程中难免会遇到各种困难。长大以后，在爱情方面，他们可能因缺乏主见而不敢去追求心仪的对象；在工作中，他们也可能因为缺乏魄力而错失升职加薪的机会。

有智慧的父母会尊重孩子，不会以爱的名义束缚他们。只要确保孩子的安全和健康，教导孩子正确的价值观，其余的就让他自由成长，展翅翱翔。在重大事情上，我们是孩子的定海神针，而在小事上，绝不过分干涉。

还有一点很重要，那就是充分尊重孩子，这也是保持亲子和谐的关键。爱的方式有很多种，而尊重是孩子最容易接受的一种。被尊重的孩子是被幸福感包围的，他也会尊重其他人。

孩子的人生之路还很长，父母不可能一直陪着走下去，为什么要用"爱"去控制他们呢？改变爱的方式，让孩子感受到尊重和独立，才能更好地实现他们的梦想。

尊重孩子的选择，不要全权代劳

父母们常常有一种错误的认识：孩子就是一张白纸，可以按照自己的期待随意涂画。其实，每个孩子的成长都有属于自己的心灵密码，孩子只有通过自己的行动、感受和思考才能解开这个密码，才能完成真正意义的成长。

当孩子想要通过自己的努力面对这个世界时，请尊重他们的选择，因为这是孩子人生的第一次尝试和努力。

下面谈一个关于"霍布森选择效应"的故事。

在 1631 年，一位名叫霍布森的英国剑桥商人从事马匹交易。他有一个独特的习惯，那就是他总是告诉顾客："你们可以随便买我的马，租我的马，价格都很便宜。但是，你们只能在马圈门口附近的马中挑选。"霍布森的马圈设计得非常独特，只有一个很小的门，高大的马无法出去，只有瘦小的马可以出去。因此，顾客们在门口选马时，总是以为自己选中了最好的马，但实际上，他们的选择却被霍布森的规定所限制。后来，人们将这种无法选择的"选择"称为"霍布森选择效应"。

在我们教育孩子的过程中，有没有限制他们选择的范围？有没有不顾孩子的成长规律，让他们按照我们的意愿做决定？

也许有些父母会认为：12 岁前的孩子只是个小学生，正是爱玩、调皮的年纪，如果让他们选择，还不是只会玩？这样的观点过于片面。随着孩子年龄的增长，他们的思想也会逐渐成熟，开始独立思考，对一些问题会有自己的看法。对于学习和个人兴趣等方面，他们已经有能力自己做决定了。

因此，我们应该警惕，不要让孩子陷入"霍布森选择效应"的困境。

有的父母自诩最了解孩子，以自己的阅历丰富为借口，提醒孩子父母懂得多。因此，这些父母常常将自己的想法当作孩子做选择的主导。然而，他们往往忽略了这样一个事实：父母按照自己的意愿给孩子建了一个不合适的"马圈"。

人往往是自己最了解自己，所以我们应该让孩子自己去搭建属于自己的"马圈"，让他在各种各样的"马匹"中挑选出最合心意的那一匹。我们需要克制住想要控制孩子的冲动，将我们的阅历当作孩子的参考。我们只提供意见和建议，而不是决策。这样，孩子的选择空间才会变得更加广阔。相信孩子也会认真考虑我们的意见，并最终做出最合适的选择。

许多时候，我们往往会为孩子们描绘一个广阔的"选择域"，同时，也应细心地为他们设定一条不可逾越的底线。这条底线如同一盏明灯，指引他们在充满阳光、健康活力与积极热情的人生旅途中前行。无论他们怎样前行，无论他们的行程如何曲折，这盏明灯始终照亮他们的道路——那就是"无论何时何地，都要保证自己的人身安全，绝不触碰道德和法律的红线"。

在一个阴郁的雨天早晨，芳芳迫不及待地穿上了她钟爱的花裙子。妈妈轻声提醒："现在已经入秋了，外面天气很冷，而雨水会让你的衣服湿透。你还是穿长裤比较好。"芳芳好像没听见妈妈的话，穿着裙子出门了，妈妈也未再多言。

午后放学归来，芳芳的裙子上沾满了泥泞，双手双脚冻得瑟瑟发抖。妈妈一边为她准备换洗衣物和感冒药，一边关切地问："同学们是不是都称赞你的衣服很漂亮？"芳芳叹息着说："唉，妈妈，我都快要冻死了，哪里还顾及什么美丽？大家都穿着暖和的衣物，都笑我说是'美丽动人'，他们的目光犹如看待异类似的。以后，我还是保持'正常'风格为好！"

这个小小的教训让芳芳深刻铭记了"根据天气增减衣物"的道理。妈妈并未责怪她，也没有强行要求她听话，只是让她自己去承担这个选择所带来的后果。这样的亲身体验比任何口头教诲都管用。

每个孩子都有选择的权利。家长在为孩子做选择的时候，需要想一下，自己能否代替孩子承受一切后果？答案自然是不能。

家长把选择的权利交给孩子，并说明选择之后的结果可能是什么样的，让孩子对自己的选择负责。当然，对于孩子不合理或者有害的决定，家长需要正确地引导孩子，在适当的时候为孩子做果断的拒绝。

俄国作家陀思妥耶夫斯基说过："对人不尊重的人，首先就是对自己不尊重。"家长需要尊重孩子，孩子也要尊重家长，只有双向的尊重，家庭才能和睦。

鼓励孩子表达自己的想法

在许多家庭中，父母可能并不懂如何尊重自己的孩子，在日常生活中常常打断孩子的发言，否定孩子的观点和想法，认为孩子的思考太过幼稚，不认可孩子对某些事情的看法。这种态度使孩子惧怕表达自己的观点，不敢分享自己的想法，担心会被父母嘲笑。长此以往，孩子的性格可能变得自卑，容易产生不良情绪。

鼓励孩子表达自己的想法是父母教育孩子的一项重要任务。只有在孩子成长过程中鼓励他们表达自己的想法，才能培养他们主动思考的习惯。这样，父母与孩子之间的交流和理解才能更加深入。唯有如此，才能更好地理解孩子，更好地满足他们的需求。

因此，父母应该学会鼓励孩子表达自己的看法，让他们勇敢地说出自己的想法。这不仅仅是口头上的鼓励，更需要通过实际行动来支持孩子表达自己的观点和想法，让他们学会有效地表达自己的思想。父母应该避免刻意否定孩子的想法，即使有时孩子的想法可能显得幼稚。

林克莱特是一位知名的美国电视节目主持人，他曾采访过一个小男孩。在询问他未来的梦想时，男孩纯真地回答："我想做一名飞行员。"接着，林克莱特又问："如果飞机在飞行过程中突然没油了，你会怎么处理？"小男孩经过一番思索后说："我会告诉乘客们系好安全带，然后我带着降落伞从舱门跳下去。"

尽管男孩的回答让现场的观众大笑，但林克莱特并未附和场内的笑声。他注视着这个孩子，发现他的眼角已经泛起泪花。于是，林克莱特再次提问："你为何要这样做？"孩子低声道出了内心的想法："我要回去取燃油，然后再回来。"听到这句话，现场顿时响起了热烈的掌声。

林克莱特之所以能够成为知名主持人，一个重要因素便是他始终鼓励嘉宾，无论他们的身份如何，都可以勇敢地说出自己的想法。

实际上，我们在日常生活中可以发现，那些敢于表达自己观点的孩子通常都是积极乐观的，这些孩子长大后往往都会有所成就。让孩子们表达自己的想法和观点，本身就是对孩子的一种鼓励。当孩子们说出自己的观点并得到父母的认可时，孩子会感到开心和快乐，幸福感也随之提升。

如果孩子表达自己的观点时，父母的反应是不屑一顾或者不愿意听，那么孩子慢慢就不再愿意表达观点，因为他们会觉得父母不愿意听他们的观点。有时候，父母可能因为工作忙碌，无暇倾听孩子的一些幼稚的观点。实际上，父母应该在生活中多给孩子一些机会，让他们表达自己的观点和想法，只有这样，父母才能更好地了解孩子。

当孩子吐露心声向我们低语时，我们应该静下心来倾听，而不是急于打断。这是对他们最基本的尊重，也是让他们有机会探索自我、表达内心看法的第一步。在日常生活中我们只有给予孩子充分的尊重，他们才会勇敢地将自己的想法说出来，即使这些想法或是看法可能很片面，甚至有些幼稚，我们作为父母仍应该鼓励孩子敞开心扉，分享他们的想法和看法。

下面给家长们提一些建议，希望对锻炼孩子的积极表达能力有所帮助。

1. 父母要尊重孩子的想法，并给予建议。

许多父母在听到孩子的想法后，往往会对其进行否定，这种消极的反馈会对孩子的心理产生不良影响。这些家长不知道，孩子表达自己的看法和想法时也是提升勇气的过程。因此，父母应该鼓励和认可孩子的观点，尊重他们的想法。在成长的过程中，孩子其实是非常重视父母对自己的评价的，激励的话语会激发孩子的潜能，刻薄的批评会造成伤害，影响孩子的心理发展。因此，父母应该尊重孩子的想法，这是让孩子自由表达的第一步，也是最重要的一步。

2. 父母要展现出对孩子言论的强烈倾听欲望。

有时候，由于工作繁忙或其他原因，父母可能会打断孩子表达自己观点，刻意终止交流。这种行为是错误的。当孩子在阐述自己的看法时，我们不仅要避免打断他们的话，还要向他们传递一个信号，表明我们正在认真倾听。简单地说，我们要对孩子的观点或他们对事物的看法表现出浓厚的兴趣和关注。通过这种方式，我们可以给孩子心理上的鼓励，让他们知道我们在真诚地倾听他们的心声，也让他们更有信心地继续表达自己的想法。

3. 父母要多鼓励和支持孩子表达自己的想法。

在孩子的心中，父母是他们生活中的重要导航，家长的鼓励和支持对孩子的成长有着巨大的推动作用。然而，有些父母并不了解这一点，他们在孩子表达自己的想法时，常常以否定的态度对待，甚至对孩子的发言嗤之以鼻，这无疑是在阻止孩子的成长。因此，父母对孩子的鼓励和支持是非常重要的，对孩子的心理健康有着巨大的安慰和推动作用。

4. 父母要多给孩子表现自己的机会。

许多孩子选择沉默，不愿意表达他们的观点，往往是因为他们缺乏表达自己看法的机会。有时是因为父母太过忙碌，有时则是因为他们的性格使然。然而，随着时间的推移，他们可能会逐渐失去表达自己看法和想法的勇气。因此，作为父母，不仅要鼓励和支持孩子，也要给他们提供表达观点的机会。这样的机会存在于生活的各个方面。当孩子遇到问题时，或者当他们观看电视剧、漫画等媒体内容时，父母都可以询问他们的意见，鼓励他们发表自己的观点。

给孩子留足空间，尊重孩子的个人隐私

随着孩子们的成长，他们开始拥有了自己的秘密，而这些秘密他们并不希望父母知道。然而，出于对孩子的关爱和期望，父母常常会窥探孩子的隐私，偷看他们的日记和私人物品。虽然父母的出发点是好的，但这些行为却可能会疏远父母与孩子的关系，引发孩子的抗拒情绪。

父母和孩子之间的关系虽然亲密，但他们的地位是平等的，谁都无权侵犯他人的私密生活。在生活中许多父母常常在无意中破坏这种平等关系，从而切断了与孩子之间的信任纽带。

老李在星期六的清晨发现儿子与同学出去玩了，于是他进了儿子的房间。他看到儿子的书桌上一片混乱，因此打算帮儿子整理一下房间。在整理的过程中，老李在抽屉里发现了一个黑色的笔记本。他打开笔记本，看到第一页上写着："自从我进入中学以后，我感到内心越来越空虚和孤独。父母总是关心我在学校的表现，然后把我关在家里学习。每天我都在桌前不停地写那些永远写不完的作业，这让我感到非常痛苦。"

读完儿子的日记，老李深受震撼。他原以为自己和儿子的关系非常亲密，但没想到彼此之间存在这么大的隔阂。

傍晚时分，儿子回到家里，又关上房门独处。

晚餐时，儿子突然问："爸、妈，你们动了我的东西了？"

"没有啊。"老李假装糊涂地说。

儿子见父亲是这样的态度，什么也没说，闷闷不乐地走开了。过了两天，儿子上学出门后，老李又偷偷溜进儿子的房间，打算从儿子的日记里洞察他内心的秘密。

然而，令他想不到的是，抽屉上不知何时安了一把小铜锁。他突然意识到自己犯了一个低级错误。晚上，当儿子回到家后，老李鼓足勇气对儿子说："儿子，爸爸犯了一个错误，你能原谅爸爸吗？"

儿子沉默了一会儿，冷冷地说："不就是偷看日记的事嘛，我不想再谈这件事了。"

"如果你原谅爸爸，就请你把锁打开吧，别把爸爸当贼似的防着。"儿子气呼呼地把钥匙抛给老李说："这是钥匙，你该满意了吧？"

几天以后，当老李无意中再一次来到儿子的房间时，又鬼使神差般地想看儿子的日记。可是令老李失望的是，儿子的抽屉虽然没有上锁，可那个日记本不知何时已无影无踪了。

有一天，儿子突然对老李说："爸爸，你是不是很失望？"

"你为什么这样说？"

"因为我把日记本扔了，并发誓不会再写日记了。"

老李惊愕地醒悟到，他已经失去了儿子的信任。

无疑，父母无权随意翻阅那本该属于孩子的私密世界——信件、日记，等等。这种偷偷摸摸的行为如同一把无形的刻刀，给孩子的内心刻下深深的痕迹：父母是不值得信任的。当孩子与父母之间有了隔阂，亲子之间的心灵交流便如同破碎的镜子般无法修复。

我们总是希望孩子像未经雕琢的水晶一样保持纯真，却忽视孩子也应有自己的秘密空间，于是粗暴地侵犯了孩子的隐私。

薇薇是一个初中二年级的学生，让她最头疼的事就是父母总是翻看她的信件和日记。

有一次，她在家里做功课时，接到了一个男同学的电话。没想到，妈妈在另一个房间偷听了电话。薇薇刚挂断电话，妈妈就怒气冲冲地跑过来，像审犯人一样质问那个男孩是谁并警告她不要早恋。

薇薇知道妈妈偷听电话后十分气愤地说："你为什么偷听我的电话，侵犯我的隐私权？"

妈妈却一脸无辜地说："小孩子有什么隐私权，当妈妈的不能管教吗？再说你心里没有鬼的话，干吗怕别人知道呢？"

于是，薇薇和妈妈大吵了一架，之后她总是把自己关在房间里，不愿意和妈妈说话，仿佛进入了一座孤岛。

可以想象，她还会信任她的妈妈吗？当她有了烦恼，她还愿意向妈妈诉说吗？实际上，个人隐私和人格尊严是紧密相连的。侵犯孩子的隐私就等于不尊重孩子，这样的家长也无法得到孩子的尊重。

教育学家认为，孩子拥有隐私是他们走向独立的重要一步，这标志着孩子已经具备了一定的判断能力。因此，家长不应想当然地认为孩子还小，需要对其严格控制。当然，为了防止孩子走向错误的道路，家长应该尽可能地与孩子保持亲近。只有这样，孩子们才会愿意向父母敞开心扉，分享内心的感受以及经历。

有一个 13 岁的女孩非常喜欢和她的妈妈分享一切。她深信妈妈会尊重她，因为妈妈从不侵犯她的隐私。她自豪地告诉她的同学："我的日记就在桌面上，没有锁，我完全相信，妈妈绝对不会偷看！"对此，她的妈妈回应道："尊重孩子是我们建立信任的基础。看，这不就是我们的关系吗？我不会窥视她的信件或日记，但当她遇到难题时，我会和她商量。如果有男孩追求她或者其他问题，她都会告诉我，我一点儿也不担心她会走上错误的道路。"

这个女孩真的很幸运，因为她有一个开明并且尊重她的妈妈。如果世界上所有的父母都能像这位妈妈一样，那么亲子沟通就不再是一个问题了。

引导孩子做家务，培养孩子主人翁意识

在 2002 年，美国明尼苏达大学的家庭教育研究领域出现了一位杰出的教授马蒂·罗斯曼。他的一项研究结果对现代教育拓展极具参考价值。其研究结论是：家长通过鼓励孩子参与家务劳动，可以对孩子的未来发展产生积极的影响。通过参与家务劳动培养孩子的责任感，让他们学会从他人的角度考虑问题，并培养

他们的同理心。

此外，这项研究还发现，当孩子们能够为家庭做出有意义的贡献时，他们会体验到一种深深的、源自内心的幸福感。

那么，我们应该如何培养孩子承担家务的习惯呢？答案其实很简单，那就是要尽早开始。

在罗斯曼教授的研究中，他引用了美国心理学家黛安娜·鲍姆林德在旧金山家庭中长达 25 年的大规模数据。这些数据主要关注了孩子们在不同年龄阶段参与家务劳动的情况，以及他们在 25 岁时的学习、事业和人际关系状况。此外，研究还考虑了家庭教育方式、性别和智商等因素。罗斯曼教授发现，与在 9～10 岁或 15～16 岁才开始参与家务劳动的孩子相比，3～4 岁就开始学习做家务的孩子在青春期时与家庭的关系更紧密、更和谐。他们在 25 岁时也有可能具备更强的能力，成为能够良好适应社会的成年人。

罗斯曼教授认为，如果孩子在 9～10 岁至 15～16 岁的青春期被要求参与家务劳动，孩子会认为这是家长强迫他们做不愿做的事情。因为到这个年龄，孩子们很难理解到家务劳动的核心意义，那就是：我们每个人都是这个家的一部分，都有责任为家庭的运作做出贡献。

美国心理学家梅德林·莱文为我们解析了这一现象背后的原因："当孩子们放学回家，我们告诉他们只需专注于学习，不必承担家务，这实际上是在向孩子们传达这样的信息：学习成绩和个人成就比关心家庭成员和为家庭做贡献更为重要。在孩子小时候，这个信息可能看起来微不足道，但随着时间的推移，这种观念会逐渐根深蒂固。"

实际上，当孩子长到 18 个月大的时候，我们可以适当地鼓励他们参与家务劳动。有心理学家发现，在这个年龄阶段，孩子会自然地产生帮助他人的愿望。如果你仔细观察孩子，你会发现，在孩子大约 18 个月大的时候，当大人们遇到如打开门或捡起晾衣架的困难时，他们可能会主动伸出小手想要帮忙。

然而，家长们很容易忽略孩子的动机，从而扼杀了孩子想要为家庭做贡献的萌芽。通常因为担心孩子们会越帮越忙，家长的本能反应是把孩子赶走，然后自己尽快完成家务劳动。但这样做其实是错过了孩子生命中最珍贵的时光。

虽然让孩子参与家务劳动可能会让你花费更多的时间去整理房间，但却能轻易地激发孩子对做家务的热情，效果远胜于你在青春期才开始教育他们。

如何让孩子爱上做家务？下面给大家介绍 5 种方法。

1. 根据年龄制订家务劳动计划。

当你发现孩子有帮忙的渴望时，就应该开始为他们制订适合年龄的家务劳动计划，并随着他们的成长逐渐增加任务的难度。许多父母对孩子做家务的期望值过低，但实际上即使是年幼的孩子也能给你带来惊喜。因此，要勇敢地给他们分配新的任务和更高难度的挑战，让他们在努力完成这些任务的过程中不断了解自己的能力，从而建立自信，学会独立生活。

2. 用鼓励的语言勾起孩子的兴趣。

一份来自权威杂志《儿童发展》的研究成果指出，对于3～6岁的孩子来说，鼓励他们成为"小帮手"，比直接命令他们去帮助他人更能激发他们的帮助意愿。这是因为孩子们渴望得到能让他们获得称赞的身份，比如，被评价为"乐于助人且有能力帮助他人的好孩子"。

3. 把家务劳动列入孩子的日程表。

将家务劳动纳入孩子的日程表中，就像是紧随学习之后的钢琴练习和足球训练一样，成为孩子日常生活的一部分，以此来养成他们的习惯。

4. 像玩游戏那样做家务。

研究人员发现，将日常任务（如运动、学习、工作等）转化为游戏式的体验，可以极大地提高劳动效率和积极性。因此，在家务活动中，我们可以像玩游戏一样为孩子设定闯关环节。从简单的任务开始，每完成一个任务，孩子就会晋升到一个更高的级别，然后面临更具挑战性的新任务，比如，让孩子学会叠衣服，以赢得使用洗衣机的权利。

5. 不吝表扬，不给奖励。

在心理学中，动机可以分为内在驱动和外在驱动。内在驱动源自你内心深处对某件事的渴望，因为你热爱它，享受其中的过程，或者认为它值得去做。而外在驱动则受到外界因素，如金钱或他人的驱使。外在驱动的问题在于，你的满足感是与外部刺激挂钩的；因此，如果没有奖励，你就很难再找到行动的动力。

有研究表明，外在的奖励实际上会削弱内在驱动力。以孩子做家务为例，如果家长给予劳务费，可能会降低孩子想要帮助他人的内在驱动力，把"无私地帮助他人"变成一种交易。

我们应该对孩子的努力给予积极的反馈，无论他们的表现如何。即使他们把事情搞砸了，我们也应该肯定他们的努力，鼓励他们的进步，而不是责备他们的无能。

孩子之间的事，让他们自己解决

如果你的孩子回到家，向你诉说他与同学、朋友之间的矛盾、争执，以及身上留下的"争执"痕迹时，你会有什么反应呢？大多数父母可能会感到担忧和心疼。因为我们深爱着孩子，希望孩子在快乐中成长，绝不能遭受任何伤害。出于保护孩子的本能，很多父母会有替孩子"出头"讨回公道的念头。

我们必须明白，在孩子们与同伴的交往互动过程中，矛盾和冲突是无法避免的，甚至可能会升级到打斗。由于他们的心智尚未完全成熟，他们在玩耍的过程中往往缺乏适当的尺度和自我控制能力。一旦孩子们全身心地投入与朋友的嬉戏中，就很容易产生矛盾，出现意外的伤害。对于孩子们来说，这些争执只是日常生活中的常态。

实际上，父母无须过分担忧，最好不要直接干预孩子之间的纷争。让孩子们自己去解决他们之间的矛盾是最恰当的。当然，这种不干涉的前提是，孩子们之间的争端是正常性质的纠纷，而不涉及欺凌或可能危及孩子生命安全的冲突。

阿峰是一名初三理科班的住校男生，是宿舍的舍长。前段时间，宿舍里的一位同学不仅不参与搞宿舍卫生，晚上还偷玩手机影响其他同学休息，被班主任发现了。那位同学以为是阿峰打小报告，害他被老师批评，手机也被老师暂时保管了。于是，他更不参与集体搞卫生活动，甚至对阿峰冷言冷语。有一次冲突中，阿峰没忍住先动了手，两人打起来了。班主任要求两人暂时停宿。阿峰的家长找到老师，表示他们平时很少在家，阿峰长大了，多说他两句就嫌父母唠叨，说他们总是帮着别人，还把自己关在房间里。初三学业紧张，家长担心走读会影响孩子的学习成绩，他们也不知道该怎么办。

对于孩子来说，一群伙伴实际上就是一个小型的社会。能否融入这个小团体可以看作将来能否很好地适应社会的缩影。小时候具备较好处理与同伴矛盾能力的孩子，长大后在处理社会上的矛盾时会更容易。

面对孩子间正常的争执，父母可以采取以下方式来应对。

1. 倾听与理解。

父母在孩子面临困扰时的首要任务是倾听和理解。当孩子带着情绪回家诉说事情的经过时，父母应保持冷静，耐心询问并倾听孩子的叙述，给予他们充分的理解和同情。这样可以帮助孩子缓解情绪，稳定心态，也有利于父母更好地了解事情的全貌。

2. 分析与建议。

在了解孩子的情况后，父母需要帮助孩子分析整个事件。父母应该让孩子知道，矛盾是如何产生的，双方在哪些地方做得不对，哪些做法是正确的。尽量通过引导孩子自我发现问题和总结，而不是直接告诉他们答案。如果孩子表达不清楚，父母可以适时地帮助他们用语言表达自己的想法。在提供建议时，父母应该尊重孩子的决定。他们可以给出自己的建议，但是否采纳应由孩子自己决定。这样可以帮助孩子建立自我决策的能力，同时也能增强他们的自信心和责任感。

3. 鼓励与支持。

在孩子的成长过程中，父母的鼓励与支持起着至关重要的作用。尤其是对于年龄较小的孩子，他们往往缺乏独立解决与同伴间争执的经验和能力。因此，父母应该让孩子知道，他们可以试着去解决问题，即使可能处理得不好，父母也会在旁边帮助他们。在这个过程中，孩子会慢慢学会自己处理人际关系，也能更勇敢地去面对他人。

4. 责任与担当。

面对孩子之间的问题，父母的一项重要工作就是要让孩子具备责任意识。虽然孩子之间的矛盾很难去判断对错，但不可避免的是，孩子们会发生一些无心的过失。但是，不能因为孩子是无心犯错就不承担责任，父母应该让孩子明白，犯错和承担责任是不能分开的。用积极的引导代替责骂，才能让孩子充分意识到自己的问题并试图解决问题。

最后，要教会孩子真诚、主动地道歉。处理孩子之间的问题其实并不难，需要的是父母调整好自己的心态，不过度干涉，尊重孩子在问题处理中的主体地位，在孩子需要帮助时提供支持即可。

拒绝一切磨蹭、拖沓、依赖行为

　　曾经有家长们在社交平台上频繁讨论一个棘手的问题：孩子做事总是磨蹭，不论是吃饭、写作业还是其他日常活动。尽管家长们时刻在一旁不停地催促，孩子们的行为却并未改善。面对这个普遍现象，许多家长感到束手无策。

　　不论是孩童还是成年人，无关年龄大小，都存在不同程度的拖延问题。特别是在 3 ~ 12 岁，这个年龄段是调整和改善拖延习惯的最佳时机，如果孩子没在这个年龄段培养成良好的习惯，那么他们的拖延行为可能会演变成长期的"拖延症"，并可能伴随一生。我们不禁要问，为什么孩子会如此拖延？

　　美国的一位儿童教育专家指出，时间管理能力对孩子的学习效率有着直接的影响，而学习效率又直接影响着学习成绩。那些拖拉的孩子，往往是因为他们缺乏有效的时间管理能力。相反，懂得如何管理时间的孩子总能合理安排学习，主动完成作业，还有时间去培养自己的兴趣爱好，他们的学习效率惊人。而不擅长管理时间的孩子，不仅做事慢，浪费时间，而且缺乏自我控制力，容易感到沮丧和挫败。这样一增一减下来，日积月累，两者之间的差距自然会越来越大。

按照儿童的成长规律，在小学时期培养起来的习惯会在初中阶段，乃至在未来的生活中得到显现。一旦养成了拖拉和磨蹭的习惯，不仅会影响学习，而且会对其未来的职业生涯和生活产生负面影响。习惯拖沓的孩子多数缺乏自我控制能力和规划技巧，在长大后若是仍无法妥善规划自己的生活，极有可能找不到生活目标。

一些原本值得享受和努力的事情，因为拖延而被变得糟糕。而负面的情绪和具体的事情紧密相连，最终使得孩子陷入无法自拔的负面情绪中。拖延和磨蹭会使孩子刻意与外界封闭，不愿接触新鲜事物，越来越没有自信，对生活失去兴趣，对待要做的事情轻易放弃，处处落后于他人。

曾经听一位母亲讲述她的亲身经历：一天晚上，她像往常一样催促孩子去做作业。然而，当她催了两遍后，孩子仍在狂刷手机，嘴上附和着知道了，但眼睛一直没有离开手机。

一般来说，孩子在第一次被催促时不会太在意，因为他们知道这只是妈妈的一种预防措施，还会再次提醒他们的。于是，他们继续沉浸在游戏中。但当妈妈催第二遍时，孩子开始预感到妈妈要发火了，于是抓紧时间再多玩一会儿。等到第三遍时，妈妈终于忍不住发火了，这时孩子才开始准备自己应该做的工作。长此以往，孩子就会用父母催促的次数和发火程度来衡量是否应该去做这件事，而不是真正意识到这件事情的重要性。

日复一日、从早到晚的不停催促，最终会让孩子失去对自己行为的控制能力。他们变得对"催促"产生依赖，很难学会主动去完成事情。而且，过度的催促会让孩子们感到极度反感，觉得无论做什么都会被催促，从而认为自己是"坏孩子"，失去自信，甚至产生逆反心理，最后变得对父母报以冷漠的态度。

无论哪种情况，当这些孩子长大并开始独立生活的时候，在他们身上完全见不到自控力。想要解决孩子的拖延问题，首先需要找到这种行为背后的原因，通过深入分析，我们才能找到解决问题的方法，帮助孩子摆脱拖延的习惯。

在孩子的幼儿时期，他们往往没有时间观念。对于 6 岁以下的孩子来说，他们对时间的理解基本上是模糊的。因此，我们需要借助某些工具来帮助孩子建立时间观念，例如计时器、沙漏等，这些都是孩子们可以直接看到、听到并且可以感知时间流逝的东西。因此，作为父母，我们需要经常和孩子一起玩一些关于认知时间的游戏。

那么，作为家长，我们应该如何帮助孩子养成良好的时间管理习惯呢？

1. 制定一份适合孩子的时间清单。

这份时间清单不能像我们成年人的清单那样严肃和复杂，而应该是充满游戏感和场景化的。这样，孩子们就会更愿意按照清单上的事情去做。

2. 可以采用任务奖励法。

当孩子在规定的时间内完成任务时，我们可以给他们相应的奖励。比如，如果孩子在一小时内完成了作业，并且没有错误，我们就可以满足他们的一个愿望。

3. 番茄学习法。

我们可以使用番茄学习法来帮助孩子管理时间。根据孩子的年龄，我们可以设定一个番茄钟，一个番茄时间共 25 分钟，让孩子在这个时间内专注于他们正在做的事情。当番茄钟响起时，他们可以休息 5 ~ 10 分钟。这种方法是根据孩子的年龄来计算的，通常是孩子年龄的两倍或三倍。例如，对于一个 8 岁的孩子来说，坚持 16 ~ 24 分钟是完全可行的。

第四章

允许犯错，
让孩子有机会学习和成长

每个"刻意"的破坏，都隐藏着一个"真相"

我们常说"九个孩子八个怪，还有一个特别怪"，特别是在孩子只有 3 岁的时候。他们的淘气程度可以说是非常高，比如在吃饭的时候把食物扔得到处都是，或者用彩笔在家里的墙上画上各种图案。这让不少父母都非常头疼。面对小错不断调皮捣蛋的孩子，我们可能会想："这个孩子是不是上天派来惩罚我的？"因此，许多父母会尝试各种方法来让孩子听话，包括使用各种惩罚手段，但收效甚微。

许多父母认为，孩子的这些行为只是单纯的"捣乱"，是源自调皮捣蛋的天性。但实际上，每一个故意捣乱的孩子背后，都隐藏着一个心理动机。只有深入了解孩子的内心需求，我们才能从根本上纠正他们的行为。

有没有家长发现，有时候孩子会有一种奇特的行为？他们会反复说同一句话，就像一个行走的复读机。这往往是因为孩子在寻求更多的关注。

举个例子，当你忙于工作或者处理家务时，孩子可能会拿着他最爱的玩具走过来，问你："妈妈（爸爸），你觉得我的娃娃漂亮吗？您替我给它起个名字好不好呀？"

大部分家长可能会回答："妈妈（爸爸）现在很忙，你能不能自己先玩一会儿？"又或者是："你的图画书读完了吗？"

以上这些回答都没有回应孩子的问题。孩子从家长那里得不到他想要的反馈，于是就会不断地重复这个问题，直到得到答案为止。

令父母意想不到的是，如果孩子长时间得不到回应，他们可能会采取一些比较极端的行为来引起家长的注意。但这个时候，家长再去关注孩子，效果可能就不那么理想了。因此，我们需要学会理解孩子的需求，并给出简洁明了的回应。

例如，如果一个孩子询问家长他的新娃娃是否漂亮，家长可以顺着他的话题说："宝贝，妈妈（爸爸）看到这个娃娃了，它真的很美，你觉得它叫什么名字好呢？"当孩子从父母那里得到情感的回应，他会感到家庭氛围非常温馨。更重要的是，这也会帮助他更好地与他人沟通。

在孩子们的成长过程中，他们的动手能力和对世界的好奇心会逐渐增强，因此他们总是喜欢通过自己的双手去探索周围的环境。就像许多孩子在用餐时会把食物弄得到处是一样的，这其实也是他们探索世界的一种独特方式。

有些家长曾经反映，孩子会拿着口红当作彩笔在房间里乱涂乱画，这让家长们非常生气，并误以为孩子是故意的。然而，如果我们从孩子的角度来看待这个问题，我们会发现，这其实只是孩子们对新事物的一种探索行为。对他们来说，口红是一种新奇的物品，他们并不知道它的用途，甚至有些孩子会把它当作妈妈的"彩笔"来使用。因此，当孩子这样做时，家长责备他们可能不会有什么效果，因为在孩子的心目中，他们只是在探索世界，而不是在搞破坏。

每个孩子都像一个小小的研究员，他们总是想要弄清楚他们周围所有的新鲜事物。所以，在这种情况下，如果我们阻止他们，反而可能会打击他们的积极性，降低他们的好奇心。因此，我们建议家长可以尝试陪伴孩子一起探索他们对某个物品的好奇心，比如和孩子一起 DIY（自己动手制作）一些物品，或者购买一些可以随意组合和拼接的玩具，用陪伴的方式来替代责备，正确地引导孩子去探索世界。

给孩子一片可以"破坏"的天空，虽然这种所谓的"破坏"会带来一些损失，但同时，它也会赋予孩子无尽的财富：思考、创新和智慧。无论你是否接受"让孩子犯错"的教育观念，我希望父母能以一种宽容和理解的态度去面对孩子的过错，因为孩子们因好奇心而犯下的错误并不可怕，反而是对他们成长的磨砺。

我们可以通过以下几个名人的名言受到启示。

著名教育家陶行知说："在你的嘲笑里有爱迪生，在你的责骂中有爱因斯坦，在你的教鞭下有牛顿。"

法国作家罗曼·罗兰也曾说过："人生应当做点错事，做错事就是增长见识。"

意大利的朗根尼西也提醒我们："不要给我忠告，让我自己去犯错。"

可见，一个人怕犯错，就是畏惧现实；一个人想逃避犯错，就是逃避现实。一个教育者不允许孩子犯错，就是不允许孩子成长。历史上，成功者所犯的错误往往比失败者多得多。

一次只做一件事，才是成事的秘诀

有一位职业是老师的朋友和我说，不少孩子存在着一种低效的学习模式，他们总是在进行一项任务的同时，心中却想着其他的事情。例如，他们可能一边阅读书籍，一边惦记着未完成的游戏关卡，或者是心心念念的动画片；又或者，他们可能在写语文作业的时候，脑子却在想着未解答的数学问题。结果是，他们的时间和精力都被分散，以至于没有一件事情能够圆满地完成，他们似乎没有关注到分散注意力去做事情后的质量下降问题。

王伟是个充满活力和好奇心的孩子，对新鲜事物总是保持着极大的热情。他的爱好广泛，喜欢阅读漫画、弹奏吉他，对舞蹈和武术也很好奇。当他看到别人演奏小提琴的技术高超时，就会对小提琴产生兴趣；看到人们在广场上跳舞，就会觉得那非常酷，并有学习的冲动。作为一个好动的男孩，他还对跆拳道有着强烈的兴趣。

王伟的母亲对他的好学态度非常欣慰，于是拿出一些培训班的宣传资料让他挑选。王伟觉得都很不错，最终决定报名学习画画、小提琴、街舞和跆拳道。母亲也同意了。然而，不到半个月，王伟就失去了坚持的动力。他发现画画并没有想象中有趣，小提琴初级学习很枯燥，街舞基础训练跳起来不帅，跆拳道让他筋疲力尽。王伟无法忍受这些练习和训练的艰辛，母亲也心疼他。最终，王伟放弃了这四个培训班，什么也没学到。

这充分证明了一心二用甚至多用的困难性，甚至可能导致什么也做不好。就好像一个孩子在学习的同时还听着音乐、给朋友发着短信，这样他的注意力就无法集中在学习上。在学习和工作中，最大的挑战就是如何克服注意力的分散。因此，我们需要告诉孩子们，不论面临多少任务，想要把每一件事都做好，最简单、最有效的方法就是一次只做一件事，并尽自己所能把它做好。就像比尔·盖茨曾分享的成功秘诀："我并不比其他人聪明，我只是专注于我选择的一件事，并把它做得尽可能完美。"

一次只做一件事，不是要孩子忽略其他事，而是要教他们一步步完成手头的任务。这样，孩子们才能妥善处理每件事。父母要培养孩子的秩序感，让他们明白事情要一件件做，不能同时处理所有事。

比如，孩子做作业时想看电视，这是不允许的。要让他们明白，做完作业后才能做其他事。同样，玩滑梯和玩沙子不能同时进行，可以玩过滑梯后玩沙子，或先玩沙子再玩滑梯。

孩子想放弃正在做的事，必须给出充分理由。在孩子没完成一件事之前，尽量避免让他开始做另一件事。要教孩子明确主次，先完成重要的，再处理次要的。

当孩子面临很多任务时，可以教他们分阶段进行。例如，参加 1500 米长跑，可以分为三个 500 米来跑。这样孩子可以更专注、有毅力地完成任务。对其他任务也同样适用，教孩子在规定时间内分阶段完成，这有助于他们集中注意力、提高做事效率。

正向反馈，引导孩子做好时间管理

"存在与时间"是一个深奥的话题，而时间管理则是每个人成长过程中必须面对的问题。孩子们常常表现出的拖延、磨蹭和懒惰等问题让父母感到无奈。这些问题往往被归因于孩子的自控力差，但实际上，其背后的主要原因是孩子对时间的认知不足，不知道如何有效地管理时间。

本田宗一郎在日本静冈县一个贫穷的农家出生。在日俄战争结束后，他的父亲放弃了务农，转而开设了一家自行车修理铺来维持家庭生计。由于家中人口多且经济困难，宗一郎从小就开始在父亲的修理铺里帮忙。他有时帮忙拉风箱，有时在车间里捡拾铁片。他对父亲用灵巧的双手打造出锄头、犁耙等小农具感到好奇，也很喜欢玩这些小农具。于是，他开始模仿父亲，用捡到的铁片制作各种小玩具送给弟弟妹妹。

有一次，宗一郎看到父亲打铁时满头大汗的样子，他十分心疼，问道："爸爸，你不能慢点打吗？"父亲严肃地回答说："做事情要追求速度，不能慢吞吞的。"听到这个回答，宗一郎深有感触地点了点头。

还有一次，宗一郎看见父亲正在铁砧上打三个烧红的铁块。他好奇地问："爸爸，为什么要一起打三个铁块呢？分开打不是更轻松吗？"父亲平和地解释说："能同时做的事情就不要分开去做，这样既能节省时间又能完成更多工作。"

这一教诲深深地印在了宗一郎的心中，并伴随他一生。当他后来创办本田技术研究所时，也将高效、快速的理念贯彻始终。这成为本田公司的传统，被一代又一代地传承下去。

著名物理学家爱因斯坦曾经深入探讨过人与人之间的本质差

异，他坚信，这种差异的关键在于我们如何利用时间。

每个人在出生的那一刻，都会收到世界赋予我们的最珍贵的礼物——时间。无论贫富贵贱，这份礼物对每个人都是公平的，一天都有 24 小时可供我们使用。我们每个人都用这 24 小时来经营自己的生活，有的人擅长时间管理，他们能让一分钟的时间变成两分钟，一小时变成两小时，一天变成两天……这样的人用有限的时间做了很多事，最终获得了成功。

很多母亲都曾为孩子拖拉而感到困扰，小鹏便是这样一个例子。有一天早上 6 点，他的妈妈叫他起床。等到 6 点 20 分，妈妈已经准备好早饭，但他才穿好上衣。于是妈妈帮他迅速穿好裤子和袜子，准备好洗漱用品。然而，到了 6 点 40 分，小鹏却还在玩牙膏。妈妈不满地夺下他的牙膏，让他吃早餐。但是，小鹏又被旁边的玩具所吸引，离开了饭桌。妈妈只能再次夺下他的玩具。这场"战争"导致他一块面包竟然吃了整整 15 分钟。

眼看孩子上学即将迟到，妈妈只能将早餐奶放进他的书包里，匆匆送他去上学。刚到学校，上课铃声便响起了，妈妈生气地对他说："小鹏，我最不喜欢你拖拉了，这让我非常头疼。"而小鹏则奶声奶气地回答道："妈妈，我也不喜欢你老说'快点'，我也很头疼。"说完，他还"咯咯"地笑了起来。

拖拉对孩子有很大的危害，它会消磨孩子的意志和进取心，让孩子变得懒惰、颓废、得过且过。长此以往容易导致做事失败，而失败的结果又会加重孩子的消极情绪，从而进一步消磨行动力。在这样的恶性循环中，正向反馈的成功路径离孩子越来越远。

孩子做事拖拉，很大程度上与家庭教育环境恶劣和教育方式的不当有关。对于这样的孩子，很多家长表现出的状态是焦急且焦躁，一味地批评甚至打骂他们，但这并不能解决问题。孩子的慢性子并非天生，因此我们需要对症下药，用耐心和爱心帮助孩子逐步改正。不要操之过急，要注意总结有效的方法，不断提高孩子的做事速度，进而帮助孩子改掉拖延的坏习惯。

一天只有 24 小时，其中差不多 8 ~ 10 小时用于睡眠和休息，2 小时用于三餐。因此，每个人每天最多只有 12 个小时是可以自行安排的。时间是宝贵的，每个人都应该珍惜时间并有效利用它。因此，家长应该帮助孩子建立时间观念，让他们知道如何珍惜时间，并学会合理安排自己的时间。

为了帮助孩子建立这种观念，家长可以让孩子自己选择一款手表，当孩子在做某些事情的时候，家长可以帮助他们制订计划，比如"再过 5 分钟就要吃饭了"或者"你可以玩游戏，但是只能玩 30 分钟"。这样，孩子就能经常"听到"时间，感受到"时间"的存在，从而建立正确的时间观念。

在每个人的生活中，都有一段被称为"黄金时间"的阶段。尝试找出孩子的高效学习时间并将其用于学习文化，能显著提高他们的学习效率。父母可以利用这段时间为孩子规划学习内容。告诫孩子，零碎的时间累积起来也能学到很多知识。例如在卧室或洗手间贴一些单词卡片、古诗词、数学公式和概念等，同时为孩子准备迷你笔记本，让他们在等待公交或地铁时复习。

随着孩子的成长，家长应逐渐放手，让他们自己安排时间并制订计划，只有这样才能锻炼和提高他们的时间管理能力。

刻意嘲讽，是让孩子无所适从的"冷水"

曾经，我和一位已经是母亲的朋友聊天，我好奇地问她，为什么她的孩子在他人面前表现得阳光自信，而她亲戚的孩子却显得害羞不敢表达。

她笑着回答："当我还是个孩子的时候，我也是很害羞的，不敢在大人面前讲话。因为在我小时候，大人们总是以成年人的身份限制我的自由，我想和朋友出去玩，得到的却是父母的责备。所以小时候的我常常感到不开心。因此，当我与自己的孩子相处时，会注意自己的说话方式，希望孩子不会因为我的语言而受到伤害。"

朋友说完，便朝远处正在玩耍的孩子走去。我看着她的孩子脸上洋溢着自信的光芒，不由陷入了沉思。

有多少孩子最初的伤痛源于父母不经意间的一句话，看似一句不经思考的气话，却在孩子心中留下一道难以抚平的伤口。

很多时候，父母对孩子的表现不满意，不经大脑的话语"脱口而出"，或是贬低、讽刺或挖苦，言语毫不留情，甚至带有贬损人格的意味。

在父母的潜意识里一度期待通过这种负面的刺激，能够激发孩子"不服输""知耻而后勇"的斗志，从而变得"有出息"。

许多父母常常过于关注孩子的成绩责备孩子，而忽视了孩子内在感受。这样，即使父母对孩子的爱深沉如海，孩子也无法感受到温暖。他们看到的只是家长的愤怒和对自己的全面否定。

在一次与家长的交谈中，她对孩子的不听话和对学习态度表现出深恶痛绝。我注意到孩子在一旁，他的表情也同样充满了不耐烦，他嘟囔着："我就是不行，我不爱学习，可以了吧？"

我们是否也曾在公开场合贬低过自己的孩子呢？又有多少孩子因此而没了自信，继而自暴自弃呢？孩子们被父母当众嘲笑、贬低，会感到无地自容。他们害怕被人嘲笑，在大庭广众之下为了保护自己的自尊心而显得态度强硬，甚至进行无理的反驳，给人一副"破罐子破摔"的印象。

在孩子幼小时，他往往无法有效地反驳，只能接受现状，或许只会通过哭闹来舒解情绪。然而，随着孩子的成长，特别是步入青春期，他们的自我意识会变得更强。当父母说出让他们感到不适的话语时，会进一步激发孩子心中的抵触情绪。美国教育心理学家布鲁纳曾经指出："过度的贬低和嘲笑会导致孩子的反抗，反抗父母，反抗学校，甚至反抗整个世界。"

网上有个热门话题：经常被父母嘲讽是一种怎样的感受？

网友的留言每一条都很扎心。

网友 A：会很自卑，因为最亲爱的人已经用行动告诉你，你不行，一点儿小事都做不好。虽然可能尽了自己最大努力，在以后需要自己独当一面时，仍会畏首畏尾，甚至一事无成。

网友 B：觉得自己受了很大委屈，感觉自己的世界崩塌了！有种想要自杀的感觉，非常无助，欲哭无泪。

网友 C：很惨，对人生失去希望，负能量满满，心理受挫，伤心，有自杀的念头。

李群锋在《儿童沟通心理学》一书中提到：也许被别人羞辱，孩子不一定会当回事儿；可是，被自己最依赖的父母贬低、羞辱，他就很容易对自己产生怀疑心理，长此以往就会形成心理缺陷，如自卑、孤僻、具有暴力倾向等。

曾经有一个孩子向我讲述了他与父母之间的矛盾。他说小时候，父母经常在亲戚面前拿他和别人对比，贬低自己，认为别人家的孩子才是最聪明的。孩子说，那时候他通常低着头什么也不说，或者和父母大吵一架，但没有任何改变。从小到大，他已经习惯了这种方式，以至于到现在，他也认为这个世界没有人相信他能够成功。于是，他变成了一个自卑的"透明人"，和别人相处总是"谨小慎微"；在人群中不敢表现自己，害怕周围人的注意力放在自己身上。

如果矛盾日积月累，在不知不觉中，父母与孩子之间的隔阂便越来越大。只有正向的沟通才是解决问题的关键，而不是让孩子成为你的情绪垃圾桶。

育儿专家兰海老师曾经说过："先处理情绪，然后再解决问题。"我们需要给负面情绪按下"停止键"，确保嘴唇紧闭，不让孩子承受不必要的伤害。

研究表明，性格温和的父母会培养出孩子平静淡然的心态，而性格暴躁的父母则可能培养出充满负能量的孩子。

有这样一个简单的故事让我印象深刻：女儿看到父亲在花园里劳作，也决定加入他的行列。然而，她的力气太小，无法控制割草机的方向。结果，父亲精心照料的花圃被她弄得一团糟。父亲愤怒地责骂她："你这个笨蛋，只会给我添麻烦。"母亲却温柔地纠正他："亲爱的，我们是在养孩子，不是在养花。"

这个故事很有哲理。我们养育的是孩子，而不是花朵。因为任何非主观因素导致错误而责怪孩子的行为，都是极不明智的。

如果父母自己在成长过程中有过被嘲笑的经历，那么他们在成为父母后，应该避免用冷嘲热讽的方式来对待孩子。他们应该利用自己的人生经验，重新审视自己的成长过程，同时修复过去的负面感受。

狭隘的胜负欲，让"别人家的孩子"成了阴影

人总是在不断地比较——与他人比较，或者将自己孩子的成就与他人孩子相比较。这是一种植根于我们内心的心理现象，心理学家利昂·费斯廷格称之为"社会比较理论"。

在社会比较中，存在两种不同的比较方式，其目的也各不相同：一种是向上的社会比较，即把自己与那些我们认为更优秀的人进行比较，通常这样的比较能帮助我们提升自我，改善现状；另一种是向下的社会比较，那就是将自己与表现不如自己的人进行比较，这样做往往能让我们对自身能力或某些特质有更为积极的看法。

父母总是期望孩子能够不断提升自我，朝着更优秀的方向努力。他们常常将孩子与那些在各个方面都更出色的孩子进行比较，希望孩子能够努力提升自己的能力。但是，有时候，这种向上的社会比较反而会变成一种心理陷阱。

在中国暨南大学的一次针对 430 名大学生的问卷调查中，他

们发现了一个有趣的现象：在社交网络平台上，人们常常会将自己与他人进行比较，这种向上的社会比较可能导致年轻人产生更多的冲动性购买行为。当他们看到网络上那些人所展示出的美好生活和完美人设时，他们容易不由自主地将自己与他们进行比较，从而产生购买欲望。那么，这种冲动消费背后的心理变化究竟是什么呢？这可能与我们总是喜欢拿孩子与别人的孩子作比较的心路历程有关。

上面的研究结果揭示，过度的社会比较可能导致消极情绪和反刍思维（强迫思考和反省深思）的加剧，从而引发冲动性购买行为。人们之所以会产生消极情绪，是因为在比较中看到了网络上琳琅满目的商品，心中自然会生出嫉妒、焦虑和沮丧的情绪。而反刍思维则是因为人们在经历了不愉快的事情后，会不断反复思考其原因和后果，陷入负面的情绪中无法自拔，最终导致不理智的冲动消费。

因此，当我们过分关注"别人家的孩子"，就会陷入消极情绪和反刍思维的心理困境，不断地在"比不上"和"不够好"的想法中循环，这样会使人变得不理智，而且无法解决任何问题。此外，这种情况往往会使孩子承受较大的压力和负担。

在一直被比较的环境下长大的孩子，更容易出现一些心理问题。他们可能会对自己的能力产生怀疑，从而失去自信。

此外，孩子会感到压力倍增，因为他们总是担心自己的表现不如其他人。在这种情况下，孩子可能会产生社交焦虑，不愿意与他人建立联系，尤其是他们认为比自己优秀的孩子。这种情况对于亲子关系也会产生负面影响，因为"别人家的孩子"这个概念可能会慢慢拉开父母和孩子之间的距离。

在避免过度比较的过程中，我们应该怎么做呢？以下是几点建议。

1. 关注孩子自身的进步。

每个孩子都有自己独特的优点和不足之处，我们应该接受孩子的不完美，而不是总是拿孩子的短处去和别人的长处比较，这样只会让我们感到焦虑。

因此，我们应该更多地关注孩子本身的进步，这样不仅对孩子有益，对我们也有益。当孩子努力学习后，如果我们只看到别人比他们表现得更好，孩子会感到很受打击；但如果我们给予他们积极的反馈，看到他们通过自己的努力所取得的进步，孩子就能不断地成长，成为更好的自己。

此外，当孩子感到沮丧时，他们的发挥往往不会很好；只有当他们充满信心时，才能发挥出更好的水平。所以，让我们多关注孩子所付出的努力和取得的进步，相信他们有能力通过自己的努力去改变和控制自己的生活。

2. 向上同化，心理赋能。

在教育孩子的过程中，我们往往会不自觉地将他们与其他的孩子进行比较。一旦我们发现这种情况，可以采取"同化"的策略，这样会有较好的效果。根据北京师范大学心理学系的一项最新研究，父母在教育过程中的社会比较可能对孩子的学业产生重要影响。家长可以引导孩子注意到自己与比较对象相同的优秀品质，帮助孩子找到自信，明确前进的方向。采用"向上同化"的教育方式，孩子会拥有更高的自我效能感和更少的自我设限。

多数父母的"比较"更像是给孩子下定义，在间接告诉孩子，你不如其他人——"你看看人家×××，怎么你就不能让我省省心呢？"而"同化"更像是提要求，告诉孩子，我觉得你也像那些优秀的人一样，能通过自己的努力做得更好，帮助孩子心理赋能——"我发现×××有一个优点，他很喜欢尝试自己没有做过的事情，比如这次演讲。她妈妈私底下告诉我："×××之前也没演讲过，在家里练习时候也结结巴巴的，但最后效果是不是挺不错的？我觉得你也可以的，这也会成为你的优点！"

3. 平衡比较。

当我们觉得"别人家的孩子"真的表现出色时，我们可以进行更平衡的比较。在比较自己孩子与别人的差距时，也要同时指出孩子本身具备的优点。

新加坡管理学院的高级讲师杨建辉博士曾说："（平衡比

较）给了孩子们一个平衡的视角，这是一个很好的教育机会，让他们明白每个人都有自己的优点和不足。"

无论是关注孩子的进步，通过"向上同化""心理赋能"，还是进行平衡的比较，这些方法不仅有助于孩子成长，也能帮助家长摆脱过度比较的内耗陷阱。我们要尽量减少比较，在无法避免或忍不住比较时，尽量降低伤害值，着力于关注如何帮助孩子提升和进步。

犯错不可怕，给孩子改正错误的机会

在现实生活中，许多父母总是希望孩子别遭遇失败和挫折，希望他们的人生能够一帆风顺。他们会用自己的经验来指导孩子应该如何行动，避免走弯路。然而，这种过度保护的行为实际上剥夺了孩子学习和成长的机会。

如果长期这样下去，孩子可能会失去探索世界的兴趣和能力。进化心理学家哈瑟尔顿和列托认为人类是以不断犯错的方式来适应世界的。不允许孩子试错，意味着我们正在谋杀孩子们的生命力。因此，我们应该允许孩子去尝试、去犯错、去积累经验，这样才能促进他们的自我成长。

在孩子的成长过程中，他们需要尝试和犯错的机会。人类的学习过程就是一个不断循环的过程：错误—学习—尝试—纠正。当孩子们随着年龄的增长和自我意识的觉醒，他们对未知的世界充满好奇，开始用自己的方式去认识和探索这个世界。然而，由于孩子们的认知能力尚不成熟，在这个过程中，他们总是会出现很多错误。

作为父母，我们总是想在孩子遇到问题时出手相助，帮他们解决问题。但这样做可能会让孩子缺乏独立性和创造性，失去自信，导致他们在下次遇到类似问题时无法独立解决。我们期望孩子成功，却常常忘记一个事实：家长包办得越多，孩子的能力可能会越来越差。

在逆境中的经历往往让人难以忘怀，而犯错、失败以及从失败中吸取教训，正是我们不断强化认识、收获成长的过程。

曾经看到过一个视频，视频里一只小熊艰难地爬上雪山。它在第一次尝试中，由于雪太滑，未能成功登顶，反而掉落回起点。在第二次尝试中，它改变了路线，沿着妈妈曾经爬过的痕迹再次往上爬，但同样在快要到达山顶时滑了下来。熊妈妈在山顶等待，看到小熊一次次跌倒，但仍然坚持不懈地努力向上爬。小熊的第三次尝试还是以失败告终。最终，在第四次尝试后，小熊成功地登上了山顶。如果熊妈妈能早一些伸出援手，小熊或许可以更快地上山，不需要经历这么多的失败。但是，未来，小熊还会遇到更多更陡峭的雪山，熊妈妈不能每次都在它身边。

无人能代替孩子的成长之路，因为只有通过自我体验和不断尝试，孩子们才能真正积累经验。我们应该给孩子尝试失败的机会，因为每一次失败都可能孕育着成功的种子。这样，孩子们才能学会如何规避风险，逐渐成熟起来。记住，"实践出真知"，只有在经历了多次的练习和尝试之后，孩子们才能在错误中成长、成熟，创造出属于他们自己的美好结局。

在孩子犯错误的时候，我们通常会感到愤怒，责怪或者惩罚他们。美国教育家海姆·吉诺特曾经指出："单纯的惩罚并不能阻止不良行为，反而可能使犯罪者变得更加狡猾，更加巧妙地掩盖他们的罪行，以免被发现。"孩子们在受到惩罚后，可能会暗自发誓要更加小心，但这种决心往往是为了逃避责任，而非诚实对待自己的行为。

因此，更好的方法是面对孩子的过错，和他们一起分析错误的原因，并找出避免犯错的方法。我们需要更多的耐心和理解，悉心引导他们，帮助他们从失败中学习，让他们为自己的错误承担责任，找到解决问题的方法，从而建立自信。这样的孩子在长大后，必定会学会对自己的人生负责。

错误是学习的最佳时机，如何看待错误，比错误本身更重要。孩子犯错并不是一件值得恐惧的事情，我们应该给予他们尝试和改正的机会。这样，他们就能学会为自己的行为负责。这不仅能够帮助他们培养面对挫折的能力，也能让他们有勇气去正视错误并改正它。他们不会因为一次错误就畏缩不前，也不会因为做错了事情就自暴自弃。

为什么要允许孩子犯错？因为试错教育可以帮助孩子们学会如何避免风险。这样，在面对更复杂的事情时，他们会更加从容和自信。在这个世界上，没有人是不会犯错的。如果孩子在尝试新事物时犯了错误，父母应该鼓励他们多次尝试，从而增强孩子的自信心。

当孩子犯错时，父母需要处理的不仅仅是孩子的行为，还要注意孩子的情绪。实际上，当孩子们犯错误时，他们不仅会意识到自己犯了错误，还会产生自责、害怕、恐慌等负面情绪。如果这些情绪没有得到适当的引导和疏导，可能会对孩子的心理健康产生负面影响。

因此，当孩子犯错时，父母首先需要做的是给予孩子情感上的回应。这种回应包括对孩子犯错误的理解和宽容，以及对孩子情绪的理解和疏导。例如，父母可以分享自己小时候犯错的故事，解释为什么会犯这个错误，以及如何避免再犯错误。通过这样的方式，孩子就能明白每个人都会犯错，不必害怕。

真心相信和认同孩子，孩子才会在这种正向反馈中朝着更好的方向发展。这种反馈不仅能帮助孩子纠正错误，还能帮助他们建立自信，增强他们面对困难和挑战的勇气和决心。试错是从失败走向成功的最小代价。通过不断尝试，孩子能够提升自己的能力，让他们在未来拥有更多可能性。因此，父母应该鼓励孩子勇敢尝试，不畏惧失败，并从中学习和成长。

在孩子的成长过程中，家长的角色至关重要。他们不仅是孩子的引导者，更是孩子的依靠。当孩子犯错时，家长应该给予关爱和支持，帮助孩子渡过难关。这样，孩子才能在家长的培养下茁壮成长，成为一个有担当、有责任心的人。

及时批评，不要"秋后算账"

在教育孩子的过程中，许多家长总是习惯一并清算孩子的旧账和新账，认为只有通过不断列举孩子过去的过错，才能使他们深刻记住并改正。然而，实际情况并非如此。这种做法并不能解决问题，还可能让孩子产生记仇的情绪。

马鑫的妈妈接到了老师的电话，得知马鑫又闯祸了。原来，在今天的学校运动会上，为了赢得第一名，马鑫先后推倒了两个和他一起比赛的同学。其中一个同学摔破了鼻子，血流不止，正在学校医务室里接受治疗。那个孩子的家长正怒气冲冲地等着找马鑫的家长算账。

马鑫的妈妈急忙赶到学校，在办公室里看到了老师和马鑫。老师说："我已经批评过他了，马鑫也认错了，您就先别说他了，还是赶紧带着孩子去医务室给那位家长道歉去吧！"

妈妈拉着马鑫就朝医务室走去，刚来到门口，就听见那个孩子说："就是他！就是他把我推倒的，呜呜呜……"马鑫低着头，一言不发。

那个孩子的家长看见马鑫妈妈，没好脸色地说："您家儿子力气可真大，轻轻一推，就把我儿子弄成这样了，流了这么多血。为了拿第一名，就可以这样伤害同学吗？"

面对对方家长的指责，马鑫的妈妈除了赔礼道歉之外，别无他法："是我家孩子不对，是我没教育好，太对不住了，这是500元钱，拿去给孩子买点营养品吧，我回去会好好教育我们家孩子！"

经过一番劝说，这件事才算平息。

当马鑫和妈妈回到家里时，妈妈再也无法控制自己的情绪，她抛开了在外人面前的所有的谦卑和修养，大声斥责马鑫："你能不能停止这样的行为？你怎么可以如此自私和霸道！从小到大，你已经犯了多少次同样的错误？在幼儿园时，你推倒了同学，我不得不赔偿他们2000多元；小学一年级，你用石头砸到同学的脸，我被他的家长责骂；小学二年级，你用彩笔在同学身上乱画，我又花了500元为他们买新衣服。你到底是怎么回事儿？"

"我只是想拿第一，让你开心。"马鑫小声地回答。

"第一是这么拿的吗？你这孩子怎么就不懂道理！"妈妈气愤地说。

"不懂就是不懂，你只会吼我！"马鑫却反唇相讥。

妈妈被孩子的不良行为激怒，回想起过去的种种，她觉得必须把所有怨气都发泄出来才能平息怒火。然而，不断提醒孩子所犯过的错误并批评他们，并不是一种恰当的教育方式。

父母对子女的教育目标并非禁止孩子犯任何错误，而是教导他们如何减少犯错误，从错误中吸取经验教训，防止重复或类似的错误。当孩子能做到这点时，家庭教育的效果就会显著。然而，如果母亲总是翻旧账，往往会引起孩子的反感，他们会错误地将母亲的提醒视为自己无法摆脱过去错误的罪证，从而大大降低批评的效果。

只有选择科学明智的教育方法，才能让孩子意识到自己的不足并迎头赶上，那些忍不住翻旧账的的家长，不妨考虑以下做法。

1. 保持冷静，专注于解决问题。

当孩子犯错时，父母应该努力控制自己的情绪，理性地解决问题。一次只关注一个问题，不要翻旧账，否则问题可能会变得复杂，解决起来更加困难。

2. 客观公正地批评。

孩子和大人都应该处于平等的地位，这样家长才能保持严肃认真的态度，对孩子的教育才能立足于现实，做到公正、客观，而不是主观地发泄情绪。

3. 针对行为而非个人。

让孩子心服口服地改正错误是批评的目的，只有针对错误行为的批评，才能达到这个效果。如果孩子只是犯了一点儿小错，却被指责为道德败坏、无可救药，他会有怎样的感受呢？原本的愧疚和后悔可能会因为父母的全盘否定而变成怨恨，甚至可能产生逆反心理，更不用说主动改正错误了。

4. 不要以过去衡量未来。

在许多情况下，父母们常常会陷入这样的误区：以孩子过去的不良行为来预测其未来，从而剥夺了孩子改正错误和进步的机会。他们用过去的错误来定义孩子的未来，这样的话语无疑会对孩子产生不良的影响。然而，教育的本质应该是发现并培养孩子的长处，鼓励他们不断进步，这样才能塑造他们乐观向上的性格。

第五章

平等对话，
建立有效的亲子沟通桥梁

找好话题，学会倾听孩子的心声

在家庭教育中有一种普遍现象，那就是"家长的话，孩子必须遵从"，以及"大人讲话时，孩子不应插嘴"。然而，这种一刀切的做法已经被证明存在一些问题。父母过于强调他们的权威，抑制孩子表达自己的想法的意愿，甚至没有去了解事情的全貌就制止孩子的发言。这种做法与家庭教育的目标是相悖的。

家庭关系的复杂性可与最棘手的迷宫相比。作为父母，必须明白孩子的思维非常具有独特性。孩子的意见和想法就如同宝石一样奇特且珍贵。我们应该给孩子表达自我、展示才华的机会，而不是急于评判他们的思考。我们的耳朵应该是孩子的倾诉之港，而不是他们产生烦恼的战场。过早地定论，只会在他们的心灵上留下无法磨灭的伤痕。

当孩子吐露内心的感受时，父母应当弯下腰身，与孩子平视，而非以傲慢的姿态对待。这是一种基本的尊重，孩子们同样渴望得到这样的尊重。此时，父母不应让自己的注意力分散在其他事物上，例如阅读杂志或看手机，这或许会让孩子觉得，你们并不关心他们内心的世界。

琪琪上六年级后，突然变得沉默寡言，不再像以前那样爱说爱笑。妈妈觉得她有心事，决定和她谈谈。晚饭后，妈妈拉着琪琪的手说："你这几天好像很不开心，我们去公园散步吧！"

一路上，琪琪没说话。到了公园，妈妈让琪琪坐下来。看着女儿，妈妈说："琪琪，等你长大了就会明白，人都会有烦恼。我是你的妈妈，也是你最好的朋友。你有任何烦恼、任何困难，都可以告诉我，即使我帮不了你，也可以为你分担一点儿，对吗？没有谁比妈妈更值得你信任。"

琪琪不再犹豫，靠在妈妈的肩膀上，小声说："妈妈，我一直觉得这件事不好对你说，我怕你生气。"

妈妈笑着说："傻孩子，我是你的妈妈，怎么会生你的气呢？"

琪琪想了想，说："妈妈，你认识我的同桌轩铭吗？"

"嗯，我知道那个男孩，非常懂礼貌的。"

琪琪接着说："我们关系很好，我数学好，他学得一般，所以我常帮他补习数学。但上周他说他喜欢我。我真不知道该怎么办。"妈妈终于明白了，为什么女儿这些天心情变差。妈妈心想：这事情有些麻烦，要处理好。想到这里，妈妈拍拍女儿的后背说："没什么大不了的，你长大了，妈妈很高兴你能告诉我这件事。另外，如果有人喜欢你，那说明你很优秀，妈妈很欣慰。

其实我也有过类似的经历。”

"真的吗？"琪琪疑惑地看着妈妈。

"当时我比你大一点儿，有个男孩常接我放学。我以为他只是因为我们是邻居又是朋友才来接我的，直到有一天他给我写了一封情书。然后我回信告诉他，我希望和他成为兄妹。最后他成了我的哥哥，我们一直是好朋友。我们搬家后才失去联系。"妈妈耐心地解释道。

"那么，现在你已经长大了，你应该知道如何处理这样的事情了，对吗？妈妈建议你和轩铭坦诚地交流，做朋友是很好的选择，你们可以互相帮助和学习。但你现在还没有准备好发展其他感情。我相信轩铭会理解你的想法。如果你有任何问题，随时和妈妈沟通，好吗？"妈妈鼓励道。

"你真好，妈妈，起初我不敢告诉你。"琪琪笑了。

这就是沟通的力量，这就是倾听的重要性。我们应该向这位母亲学习，她轻松地解决了孩子的一个大问题。

当孩子表达出内心的感受时，父母可以通过眼神向他传达鼓励的信息。这样，孩子就会意识到你在倾听他的话，从而自然而然地放松下来，愿意与你分享他的想法。然而，当孩子在倾诉时，父母千万不要在他说话没多久就打断他。不要认为他在胡闹，更不要说出一些如"我已经知道了，不要打扰我"等极端的话。这样做只会破坏孩子的兴致，甚至可能让他以后都不敢再和你交流。

当孩子分享自己的心情时，父母可以尝试着以他们的语言回应。比如，如果孩子惊叹于某个景象，父母可以模仿他们的震惊表情，尽管这对成年人而言或许稍显夸张，但这却是孩子们所期待的，他们希望父母能够投入他们的情感世界中，感受他们的喜怒哀乐。

当孩子愿意和父母分享内心世界的时候，父母可以用温暖的话语来表达自己的看法，或者给予一些像糖果一样的鼓励和赞美，比如"我也很赞同你的观点"或者"你真的很棒"。

学会倾听孩子的心声，让他们感受到父母的理解和宽容，他们才会愿意打开心扉，和父母像朋友一样交流。总的来说，越是简单易懂的教育方式，越能够帮助孩子健康成长。

发现孩子的优点并加以启发

有教育家曾经指出："如果父母能发现孩子身上有十个优点，那么他们就是优秀的父母；如果能看到五个优点，就是合格的父母；如果一个优点都发现不了，那么他们可能不适合做父母。"对于那些没有发现孩子优点的父母，请不要感到沮丧或愤怒。试着冷静下来，思考一下是否经常忽视孩子的努力，无法看到他们的亮点？如果是，那么在与孩子的未来相处中，尝试控制自己的言语，学会发现并赞扬孩子的优点。

积极心理学的创始人马丁·塞利格曼分享过一个他和五岁女儿妮琪的故事。一天，他在家里的玫瑰花园里除草，妮琪跑过来，表示想加入。虽然有些高兴，但塞利格曼知道五岁孩子帮忙往往容易越帮越忙。果然，妮琪把已经锄好的草丢到空中，边唱歌边跳舞。塞利格曼有些生气，责备了她几句，让她离开。

过了几分钟，妮琪又回来了，表示想和爸爸谈谈。塞利格曼问她要说什么，妮琪说："爸爸，你还记得我五岁之前的样子吗？那时我特别爱哭闹、爱抱怨。但在我五岁生日那天，我决定以后再也不抱怨、不哭闹了。如果我可以决定变得不再哭闹，你为什么不能变得不要脾气那么坏呢？"

塞利格曼听后深感震动，他突然明白了很多事情。他说："我明白了要教育好妮琪，不能仅通过纠正她的不足之处。她自己可以改变自己，只要她肯下决心。我的任务应该是发掘并培养她的优势，从她表现出来的优势去引导启发她。"

我们必须理解，每个孩子都是独一无二的，他们各自都有闪耀的特质。作为父母，我们的责任就是发现并培养这些闪光点。

当我们发现孩子的优点时，应该如何引导和培养？

1. 有针对性地教导孩子。

在教育孩子时，我们需要有目标和方法。孩子们的优点值得我们欣赏，但如果我们不能妥善利用这些优点，就等于浪费了他们的天赋。我们必须明白，孩子的成功离不开父母的耐心培养。当孩子展现出他们的优点后，我们更需要精心培养，这样才能极大地推动他们的成功，帮助他们在某一领域成为顶尖人才。

2. 在生活中更加留意。

我们在生活中应该更加关注孩子们的特长。一旦我们发现他们有任何优点，我们就应该尽可能地让他们发挥这些优点，让它们能够在孩子的生活中占据主导地位。这是我们作为父母的责任，也是我们必须帮助孩子实现的事情。

3. 与孩子共同参与。

为了让孩子在某方面有所建树，首先要做的就是激发孩子的兴趣。当父母与孩子共同参与某个活动时，孩子会更愿意投入这件事情中去。在他们眼中，父母的决策都是正确的。因此，当父母也参与到这个活动中时，孩子们会更加珍视这个机会，更加愿意去做这件事。这对于孩子来说是好事，也能增进亲子之间的关系。

放下面子，勇于向孩子认错

我们经常听到这样的说法："天下无不是的父母。"这似乎暗示了父母永远是对的，不会犯错误。然而，是个人就可能会犯错误，父母也不例外。只是碍于面子，父母往往不愿承认自己的过错，结果导致了亲子之间的隔阂越来越大。

当冲突发生时，父母常常坚信自己完全正确，错误都在孩子。父母担心损害自己在孩子心中的威信，或者因为我们的思维定式，找出各种理由不愿承认错误。特别是当我们无法反驳孩子时，就动用家长权威来压制孩子，剥夺孩子的话语权。这实际上是在向孩子展示如何逃避和推卸责任的陋习。

在错误面前，父母与孩子是平等的。父母处理错误的方式，相比对孩子进行口头说教，会产生更加深远的影响。

巴特7岁的那年，他坐在自己的书桌前做作业。外面的大风足以撼动大树，作业纸被风吹得乱翻，发出"啪啪"的声音。他不得不起身去关门，但门被关上不久后就又被狂风吹开，巴特不得不重复这一系列动作。

这时，巴特的邻居鲍勃叔叔来做客，他没有直接进巴特家，而是在门外和巴特的父亲聊天。门又一次被风吹开了，巴特只得起身关门。他用力地把门关上，却因为门撞到了什么东西反弹了回来。此时，巴特的父亲痛苦地尖叫起来。

巴特惊恐地看着他的父亲，看到他的五官痛苦地扭曲在一起，头发一根根地竖起。更让他害怕的是，他父亲的手指在扭曲的同时还在怪异地扭动……看到巴特出来，他的父亲愤怒地向他挥起了手。原来，刚才他父亲的手放在门框上，巴特突然关门，差点儿把他的手指夹断。

巴特吓坏了，以为他会挨一顿打。父亲怒不可遏地把巴掌挥了下来。巴特把眼一闭，但巴掌并没有真正落下，他感受到脸上有一股风划过。

事后，父亲对巴特说："当时我痛得几乎无法忍受，我想狠狠地打你一巴掌。但是，我马上意识到这是我自己的错误，我应该自己承担后果，我不能责怪你。"

父亲的这句话给了巴特一个深深的启示：无论他是孩子、员工、领导，都应该为自己的行为承担责任，不能怪罪他人。

人类天生就有保护自我的本能。面对问题时，我们往往选择逃避，下意识地想要保护自己。这种本能同样适用于我们作为父母的角色。我们只是普通人，虽然成为父母，但并不能自动变得完美。因此，面对问题，父母需要多一些理智，少受本能的控制。毕竟，我们都希望孩子能成为负责任的好孩子。

家长做错了之后如何向孩子真诚地道歉，需要掌握一些沟通的技巧。

回到具体的道歉形式中，我们也要避免"无效道歉"和错误道歉的出现。我们可以将道歉分为以下几个步骤。

第一步，我们首先需要描述自己错误的行为，并集中注意力于单次的具体事件上。例如，在孩子练毛笔字时，我曾因过于焦急而发脾气，对此我深感抱歉。父母应简要描述自己错误的行为，避免过度解读或扩大化，无论是对于孩子的批评还是对自己的错误归因，都应保持公正和客观。

第二步，我需要与孩子进行交流，了解他的情绪，并给予他充分的表达空间。例如，我可以问："我刚刚声音太大，脾气太大了，你是否感到不安或痛苦？"或者"我刚刚情绪失控，你是否受到了惊吓，现在是否很生我的气？"我们需要向孩子承认自己的错误，表达出我们理解并接纳他的情绪，让他知道他的感受是可以被听见和理解的。这可能使得孩子从愤怒转化为委屈，同时也有助于我们之间建立更加良好的沟通，让孩子敢于表达自己的真实感受。

第三步，我们需要与孩子进行深入的交流和协商，探讨如何避免类似的错误再次发生。这是最为重要的一步。在我们表达了对他感受的理解和歉意之后，我们可以一起探讨如何改进我们的互动方式，以避免类似的冲突再次发生。例如，在拼积木时遇到困难，我们可以约定当我提醒他两次后，他会停下来调整或者休息一下，然后再继续练习。这样的互动方式既可以减少他的压力，也可以降低我的怒气，让我们可以更加平和地面对问题。

另外也需要注意，当孩子暂时不愿意与父母沟通时，父母要尽量保持冷静，给他一些时间冷静下来，然后再和他进行交流。我理解每个人在情绪激动时都需要时间来平复，包括我自己。所以，我不会强迫他在那时立刻接受我的道歉或解释。

在进行道歉时，我会真诚地表达我的歉意，而不是带有任何附加条件或目的。我会说："对不起，我之前的反应过激了，对你产生了不好的影响。我希望我们可以继续一起努力练好这首曲子。"我们应该明白，道歉的本质是表达对他人的理解和歉意，而不是要求对方必须接受或做出某种回应。

唠叨"正确的废话"，不如不说

在这个现实的世界里，每个人都在寻求表达和证明自我存在的机会。父母如是，孩子亦然。无可否认，在亲子间的交流中，若我们只顾滔滔不绝地陈述自己的观点、认知和态度，却忽略了对方的情感和心情，那么这样的沟通必定如同缺乏灵魂的躯壳，低效且苍白。

令人遗憾的是，许多父母在家庭生活中总是忽视和蔑视孩子的想法，习惯向孩子灌输和阐述自己的观点，总是以"为了孩子好"为借口，对孩子说很多正确但无用的废话。这种方式在很大程度上导致了孩子的逆反心理。但是，由于父母的严厉和威信，大多数孩子只能无奈地听着父母的唠叨，实际上这些废话并没有什么用，孩子可以说是苦不堪言。

陈女士总是喜欢通过讲大道理来教育女儿莉莉，这让孩子感到非常烦恼。例如，当莉莉的考试成绩不理想，极为沮丧地回到家时，陈女士便会开始唠叨一大堆人生哲理："你已经上初二了，成绩还这么不稳定，这是非常危险的。明年中考如果考得不好，你的未来真的不能想象。快去吃饭，饭后认真思考问题的根源，然后加强练习……"

有一次，莉莉不愿意让同桌抄她的作业，结果被同桌报复，给她取了一个外号。莉莉愤怒地回击同桌，结果两人推搡了几下，被班主任误以为是"斗殴事件"，处罚结果是每人值日一周。

回家后，莉莉哭着向妈妈诉说，希望妈妈能帮忙澄清事实。尽管心疼女儿，但陈女士还是坚持唠叨那些大道理："冤家宜解不宜结。同学之间能有多大的仇恨，你不能只看他身上的错误，也要反思自己的行为。我建议，你最好主动向同桌道歉，这样大事就能化小，小事就能化了。"听完这样的"开场白"，莉莉再也没有心思听下去了。

周末，母女俩一起看电视，陈女士也不忘继续说教。只要剧情适合，她就会开始碎碎念："看，没文化就是这样的下场，早晚被人骗。""善良虽好，但没有文化力量加持就是脆弱的花朵，经不起风吹雨打，所以，你必须用知识武装自己，这样才会少吃亏。""看到了吧，网恋不会有好结果！连性别都能造假，网上还有什么是真的！"

在这样的说教下，莉莉越来越不耐烦，却不知如何是好。在她 14 岁生日那天，莉莉对着妈妈许了一个愿：希望妈妈能放过她，以后不要再给她讲大道理了。陈女士答应了，发誓不再讲大道理，否则就没资格做妈妈。

然而第二天吃早餐时，陈女士忘了昨天发的誓，又开始不停地唠叨："牛奶一定要喝，因为牛奶含有非常丰富的蛋白质、氨基酸、矿物质、微量元素……"

忍无可忍的莉莉打断妈妈的话："陈女士，请闭嘴，让我安静地吃早餐！"这种"出言不逊"让陈女士很没有面子，于是引发了长达两周的母女冷战。

那么，父母为何热衷于讲正确的废话，主要有以下几个原因。

1. 父母的废话，来自"掌控欲"。

许多父母总是忍不住要对孩子们说教一番，而这些"教诲"往往源于他们强烈的掌控欲。如今的孩子其实都很聪明，只要在关键的时刻给予适度的引导和建议，他们的成长道路应该不会有太大的问题。但遗憾的是，多数父母总是喜欢不停地唠叨，抱怨和指责孩子们。虽然这些话看似是无可辩驳，但说教的次数多了，这些话语就像刀子一样不断刺痛孩子脆弱的心灵。许多父母无法控制自己唠叨的原因，无非是想要将孩子的生活、情绪和状态都纳入自己的掌控范围，这种过于自私和片面的教育方式实在令人担忧，长此以往，孩子可能有从家长视线逃离到外面的冲动。

2. 父母的废话，来自虚荣心。

许多父母每天对孩子重复强调的一些事情，很大一部分是为了满足自己的虚荣心。我想大家对此都有所体验。有些父母从小对孩子严厉，名正言顺地说是为了孩子的未来，但实际上，许多高学历的父母并没有真正理解孩子的情绪和想法，反而更关注的是作为家长的身份和面子。父母担心孩子的成绩不如其他同学，担心在朋友和同事面前失去面子。如果我们在教育孩子的过程中，一开始就抱着这样的虚荣心，那么我们又如何能够保持耐心和冷静呢？

3. 父母的废话，来自功利心。

有些父母总是鼓励孩子与其他孩子进行比较和竞争，却忽视了深入了解孩子的兴趣、想法和困扰。父母只关注中考和高考，以及顶尖的学府，将这些都视为推动孩子努力学习的目标。因此，当这些孩子在学习和成长的过程中，因为感觉不到父母的关爱，他们可能会在青春期遇到各种难以解决的困惑和烦恼，这会导致孩子对学习和升学失去应有的热情和动力。

对于已经有了一定涵养和见识的父母来说，我们应该将更多的时间和精力投入培养孩子的兴趣和塑造其人格上，而不是一味地以自己的想法为中心，强制孩子按照自己的规划和设计去完成学业。如果父母整天无休止地向孩子灌输大道理，说一些孩子不感兴趣、自己却乐此不疲的正确但无用的话，不仅不利于孩子的学业和人生，反而会在潜移默化中影响和破坏亲子关系。

在许多情况下，父母和孩子之间的对话，表面上看似是为了孩子的未来，但实际上，这种交流更多是为了满足父母的教育焦虑、虚荣心和功利心。

总的来说，那些习惯对孩子说教、提出要求并解释道理的父母，需要更加关注孩子的精神世界和情绪状态，而不仅仅是从自身的视角出发，忽视孩子的实际需求和想法。这样的教育方式很难被孩子接受，因为它缺乏理性和智慧。

不妨给无趣大道理加入幽默元素

在一项名为"儿童参与家庭教育"的深度研究中，我们找到了一个引人深思的数据。统计显示，41.4% 的小学生和 46.9% 的中学生都希望自己的父母能够展现出幽默感。这一现象揭示了一个普遍存在的问题：许多家长在子女教育方面过于严肃，这种严肃的态度往往让孩子产生畏惧心理。

在当今这个竞争激烈的社会，家长们无不希望自己的孩子能在学习上表现出色，为此父母们愿意付出大量的时间和努力。然而却常常忽视了一个重要的方面，那就是孩子的成长并不仅仅是学习成绩的提升，还包括孩子的心理健康和社会能力的培养。而在这个过程中，父母的幽默感起到至关重要的作用

家长们不妨尝试运用幽默的语言和方式与孩子交流，尤其是当孩子犯错对其进行批评的时候，幽默往往会带来意想不到的效果。当然，学会用幽默的方式批评孩子并非易事，这需要父母具备高度的文化素养和良好的心理素质。

文化修养被看作家长所需具备的一种生活情调和丰富的知

识。同时，拥有良好的心理素质也是必不可少的。家长需要在孩子犯错时保持冷静，用宽容的心态去理解和接受孩子的过错，站在孩子的角度去思考问题，并以平和幽默的方式引导和教育孩子。

一天学习结束后，金辉的朋友倩倩来到家里做客。母亲让她们两个在书房做作业，自己则去准备晚餐。当母亲准备好晚餐，走到书房叫她们吃饭时，她发现金辉把书架上的书拿下来，随意地放在窗台上、椅子上、地上，甚至把父亲精心收藏的各省区地图也铺在了地上。

看到这一幕的母亲本来想责备金辉不懂得珍惜书籍，但考虑到在孩子的朋友面前批评孩子可能会伤害到她的自尊心。于是，她以轻松的语气说："看看我们的金辉，这是在摆什么阵呢？感觉比古代的八卦图还要复杂呀！你们可要小心哦，千万别误入了她的'迷阵'。"

听到金辉的母亲的话，倩倩忍不住笑出声来。金辉也感到有些不好意思，她向母亲道歉："妈妈，我错了，我不应该把书和爸爸的地图放到地上。"母亲叮嘱她说："我知道你是在给倩倩展示我们家的书，但以后记得一定要在书桌上看书哦。"从那以后，金辉再也没有将书随便乱放过。

这个例子让我们看到，如果父母用过于严肃的态度对待孩子，孩子可能不会接受他们的意见。当家长们不知道如何与孩子进行有效的沟通时，可以尝试改变严肃的态度，用幽默的方式来引导孩子反思自己的行为。

常言道："良药苦口利于病。"然而，在当今社会，孩子们对父母的挫折教育报以怀疑态度，渴望以一种更为轻松、愉悦的方式去面对问题，去接受教育。德国著名演讲家海茵兹·雷曼麦曾独具匠心地指出："将一本正经的真理以幽默风趣的方式表达出来，比直接说出来更能被人们接受。"这一观点无疑为我们提供了一个全新的视角，让我们重新审视幽默在教育中的作用。

幽默作为一种高级的沟通方式，不仅能够化解尴尬，更能够拉近彼此的距离。在家庭教育中，如果家长们能够运用幽默的语言，让孩子们在轻松、愉快的氛围中意识到错误，那么孩子们一旦理解了父母的用心良苦，就会主动承认错误，从而自我完善。因此，当家长在教育孩子的时候，多使用一些幽默的话语，往往能够让孩子心服口服。

在和孩子的交流中，家长应该如何以轻松幽默的方式沟通呢？

首先，创造一个愉快的交流环境。在日常的对话中，家长可以放下严肃的面孔，像朋友一样和孩子开玩笑。这样不仅可以拉近父母与孩子的距离，也能让孩子感到放松，使他们不会有任何压力或紧张感，更愿意分享自己的想法。此外，家长还可以和孩子聊聊他们感兴趣的话题，或者分享一些有趣的名人逸事，这样可以增加亲子间的共同语言，营造愉快的交流氛围。

其次，善用幽默的方式进行批评。幽默是一种独特的语言艺术，也可以用来教育孩子。通过用幽默的语言和孩子交流，家长可以在保持和谐的关系的同时，让孩子在笑声中意识到自己的错误。

幽默在孩子成长过程中扮演着重要角色，它能带给孩子们欢乐，使原本严肃的批评变得具有积极的思考价值。同时，幽默还能帮助孩子缓解紧张和恐惧情绪，从而降低他们的抵触心理和逆反行为。这样一来，父母的批评就能在无形中达到理想的教育效果。

用肢体语言增加沟通效率

在许多关于与孩子交流的讨论中，我们常常想象到这样的情景：母亲讲话，孩子聆听。传统的观点认为，与孩子的交流方式仅限于语言表达。然而，实际情况并非如此。即使我们选择沉默，也可以通过肢体语言（又称身体语言）传达我们的心声。因此，作为父母，我们在使用语言进行沟通的同时，也应该利用身体语言来表达非言语信息。所以，我们不仅需要精通语言交流，还要擅长运用身体语言。最重要的是，"身教大于言传"，孩子会通过模仿从我们身上学到很多沟通技巧。

艾伯特·梅瑞宾是一位美国的语言学家，他通过研究发现，人类之间的大多数沟通实际上并非通过语言，而是通过非语言的方式进行的。他发现，这个比例高达 93%。相比之下，只有 7% 的沟通是通过语言进行的。在非语言沟通中，面部表情、身体姿态和手势等肢体语言占了 55%，而音调的高低占了 38%。因此，艾伯特·梅瑞宾的研究为我们提供了这样一个公式：沟通的总效果 =7% 的语言 +38% 的音调 +55% 的肢体语言。这就揭示了肢体语言在人与人之间沟通中的重要作用。

在尝试与孩子进行肢体语言沟通时，我们需要注意避免懒散的身姿和颤动的双腿。通过维持适当的身体姿态和态度，我们可以向孩子传达出我们的关心并证明我们正在倾听他们的想法。这样，孩子就不会从我们的肢体语言中感觉到被轻视或被忽视。因此，我们需要理解孩子的心理，并学会运用肢体语言与他们进行有效的沟通。

在暑假期间，丽丽的儿子不小心打碎了桌子上的玻璃杯。他害怕母亲责备他，于是撒谎说不是他打碎的。当丽丽从厨房走到客厅，看到地上的碎片，她让儿子站到安全的地方，然后看着他涨红的脸，心里已经清楚发生了什么。

丽丽笑着看着儿子，慢慢地蹲下来，用手抚摸着他的头。她用满含温柔的眼神看着他，说道："儿子，玻璃杯碎了没关系，我们可以买一个新的。但你要记住，不能撒谎。"

尽管被识破谎言，儿子仍然坚称玻璃杯不是他打碎的，但他的声音已经变小了。丽丽看出儿子的心理防线正在瓦解，于是又拍了拍他的肩膀，继续说："妈妈相信你，希望你能成为一个诚实、勇敢的孩子。"说完，她紧紧地抱住儿子，给予他一个坚定的眼神。

"妈妈，对不起，我错了……"儿子终于承认了错误。

可以看出，丽丽在询问儿子的过程中，展示出非常到位的肢体语言，里面饱含着妈妈对儿子的爱。

在我们的日常生活中，我们可以采用以下几种肢体语言来与孩子交流。

1. 给予灿烂的微笑。

微笑就像一道阳光，能够驱散人们心中的阴霾。法国文学家雨果曾经说过："笑，就是阳光，它能消除人们脸上的冬色。"当父母对孩子展现灿烂的微笑，他们不仅能感受到父母的爱意，也能从中获取自信和鼓励。在日常生活中，父母应该经常向孩子露出笑容。在与他们的交流中，父母的笑容会让他们更愿意分享他们的想法；当他们专注于某件事情时，父母的笑容会让他们更有动力去完成；当他们感到伤心或困扰时，父母的笑容会帮助他们恢复平静；当他们犯错误时，父母的笑容会让他们有勇气去改正。

2. 给孩子温暖的拥抱。

父母们应该深知，一个温暖的拥抱有着强大的魔力，能深化父母与孩子之间的亲子关系。一份调查报告显示，大约70%的孩子喜欢父母的拥抱，而大约30%的孩子认为在他们的一生中都需要父母的拥抱。同时，心理学的研究也表明，人类都有某种程度的"皮肤饥饿感"，这种饥饿感在父母与孩子的亲密接触中，可以通过拥抱得到最大的满足，使孩子感到强烈的安全感和幸福感。

拥抱不仅可以拉近父母与孩子之间的距离，它还象征着表扬、鼓励、安慰、理解和宽容，等等。当然，拥抱只是沟通方式的一种。

3. 用眼神与孩子交流。

眼神无疑是人类沟通的重要工具之一。当孩子们表达自己的时候，父母通过自然的目光与他们交流，传达出父母的关注、理解、真诚和尊重。

当父母用充满关切的眼神与孩子接触时，不仅表明父母对他们的言语感兴趣，也可以用来表达父母即时的感情。反之，当我们的眼神黯淡、双眉紧皱时，孩子会感觉到父母的情绪变化，可能会觉得马上要面临"暴风雨"，因此他们会立即退缩，可能就不会愿意打开心扉与父母对话了。此外，当父母的眼神中流露出不耐烦、轻视、冷漠等情绪时，也会抑制孩子继续说话的意愿。

所以，当孩子受到委屈时，父母要用关切的眼神给他们温暖；当孩子胆怯时，父母要用充满力量的眼神激励他们；当孩子无理取闹时，父母要用严厉的眼神约束他们。通过这种方式，孩子就能读懂父母的眼神所传递的一切，无须父母过多地说教，他们就会按照父母的教诲去做。

4. 拍拍孩子的肩膀。

有时候，一个鼓励的拍肩比任何语言更能打动人心。当孩子遇到挫败或失败时，轻轻地拍一拍可以让他们从父母的支持中汲取力量；当他们取得成功时，同样的一拍也能让他们因得到认同而更加矢志不渝。对孩子来说，如果父母能经常给予他们这样的拍肩，那将是一种无尽的鼓舞。

5. 用双手拉近与孩子的距离。

通过与孩子手拉手这个简单而温暖的动作，父母可以将尊重、鼓励和期望无声地传递给他们。这种肢体语言的力量如同春风拂面，让孩子在不经意间感受到父母的认可、支持和肯定，起到此时无声胜有声的作用。

当孩子的泪水如断线的珠子般滚落，父母可以轻轻地拉起他们的小手，传递出父母的关爱和温暖，让他们感受到家庭是安全的避风港。当孩子的倔强如同顽石一般难以撼动时，父母可以坚定地拉起他们的手，用父母的爱去感化他们的内心，让他们明白成长的道路上，父母和子女需要相互扶持。

肢体语言是一种强大的沟通工具，它能够让父母与孩子的心灵更加贴近。因此，父母要善于运用肢体语言与孩子沟通，让沟通变得更加顺畅。这样的沟通方式，不仅能让父母更好地了解孩子的内心世界，还能拉近父母与孩子的心灵距离，让亲子关系更加融洽。

第六章
良性路径，
激发孩子的学习自主性

不用分数定义孩子的未来

考考考，教师的好法宝；分分分，学生的命根。分数已经成为统治学校的国王，成为学生顶礼膜拜的对象。

苏霍姆林斯基认为，在儿童还没有懂得分数的意义，没有懂得分数取决于自己的努力的时候，不应该用分数去压迫孩子，否则就逐渐使孩子为了一个异化的东西去学习，而不是为了自己的乐趣去学习。

每个孩子天赋各异，学习能力也不同。如果一开始就用分数来衡量他们，就会让他们为分数而学习，为分数而不择手段。父母要注重孩子真正的成长，从而自然获得好的成绩，不要让孩子变成分数的奴隶。

我的老师曾经讲过一个故事。在他的一次讲课中，遇到了一位来自名校的女生，她当时是博士后。

这位女生听完老师的讲座后，情绪变得非常激动，眼泪止不住地流淌。老师感到很意外，便走上前去询问她的情况。

女生哭着回答说："我一直相信，只要我学习好，就能证明我的能力。

但如今我已经是博士后了，没有了更高的学位可以继续追求。我不知道该怎么办，自杀的念头时刻困扰着我，我无法摆脱。"

这位女生的学业成绩一直非常出色。她是 985、211 高校的博士后候选人，即将毕业。然而，尽管她拥有令人羡慕的成绩，却无法从内心感受到被肯定。

许多人无法理解，为什么明明很出色的人，自我认可度却连个普通人都不如？明明那么优秀，为什么还会自卑？难道越是优秀，越是脆弱？

其实，这位女生的遭遇在许多学业出色的孩子身上都有所体现。他们努力学习，从不松懈。这种自发的驱动力看似积极，但实际上存在致命的危险：自我被扼杀。

这类孩子之所以自发地努力学习，是因为学习成绩是他们向家长和外界证明自己的方式。学习成绩成了他们被承认、被认可的唯一标准。

这个标准被家长执行得越久，就越容易被孩子们认可和内化。于是在他们的内心深处自我定义被成绩所取代，变成了成绩等于他们自己。

如果父母能将分数视为一堆充满魅力的数字，而不是一种沉重的负担，那么，一起分享分数就不再是一种恐怖的逃避，而是一种乐趣。

父母可以对比孩子过去的分数和现在的分数，一起探讨他们的进步之处，同时也讨论他们需要改进的地方。

当孩子明白，分数的变低并不会带来惩罚，也不会让父母失望时，他们就会愿意与父母开诚布公地交流，分享他们考试成绩不佳的真实原因。这样，父母就能及时发现孩子的问题，找到帮助他们的方法。

更广义地说，我们应该将更多的关注点放在孩子的习惯和态度上。每个孩子都是独一无二的——有的抽象思维敏锐，有的沟通能力出众，有的注意力集中，有的热爱运动，有的喜欢宁静……因此，我们不应该过分强调分数。

我们应以孩子的习惯和态度为评估的重点，这样才能及时发现他们的进步或退步。如果孩子的学习成绩有所下滑，我们应该和他们一起找出原因，是学习态度问题，还是对问题的理解有误，或者其他原因。一旦我们搞清楚了原因，老师和父母就可以共同关注并帮助孩子改正。例如，我们可以对孩子的考题进行评估，找出他们在哪些知识点上比较薄弱。然后，让孩子解释他们错误的原因，是因为他们不会做，做题时间不够，还是粗心大意。根据具体的问题，我们可以给出不同的解决方案。

在孩子 10 岁之前，他们的身体和心智都尚未完全发育。因此，分数并不能全面反映一个孩子的学习能力。在这个时期，更重要的是培养他们的兴趣和求知欲。如果父母只看重分数，而忽视了孩子的个性和兴趣，那么对于那些成绩暂时落后的孩子来说，这是非常不公平的。我们可以想想，现在在生活中做得比较好的成年人，是不是上学时成绩最好的那些人呢？

孩子们常常会模仿大人的行为，他们会看到大人对分数高低的不同态度，然后模仿这种行为，对同学的态度也有所区别。过早的竞争会让孩子们意识到自己与他人的差距，无论是超过还是落后，都会给他们带来不必要的学习压力和行为障碍。

总的来说，单纯考试得分这一项并不能全面反映孩子的各方面能力，更不应该作为对 10 岁以下孩子的评价标准。为了让孩子能够展现他们的潜力，我们应该采用多元化的评估方式来替代单一的分数评估。这样，从多方面评估孩子的表现以后，我们就能对孩子在学习上的努力给予肯定，作为父母，我们应该告诉孩子："做最好的自己，不要担心自己会比别人差。你考好了，我们为你喝彩；没有考好，我们等待下一次的机会为你喝彩。"

与其告诉孩子答案，不如引发其思考

一个孩子的潜力是否能被充分发挥，关键在于他是否拥有独立思考的能力。拥有独立思考能力的孩子不会随波逐流，不会盲从，而是会通过自己的理解和思考，去寻找问题的答案。

每个孩子天生都具备观察和思考的能力。在他们小的时候，他们经常会提出各种"为什么"，希望能把所有的事情都理解得清清楚楚。然而，随着年龄的增长，他们开始习惯接受别人给出的答案，主动去思考的习惯逐渐消失了。

孩子们的思考力是如何不知不觉失去的呢？

曾经，他们的好奇心就像是一块未经雕琢的宝石，闪闪发光。

"妈妈，太阳为什么会笑？"

"妈妈，蝴蝶是不是吃了魔法豆变成的？"

生活中，孩子们总是会问出一些让人哭笑不得的问题，这些都是他们好奇心的真实写照。可是很多时候，家长却是把孩子的好奇心当成了一个无关紧要的小玩意儿，没有及时给予回应和引导，时间一长，孩子自然而然地失去了探究的兴趣。

我们常说要尊重孩子的想法，但却常常用"你还小，不懂"或"现实并不是你想象的那样"等理由，将他们的思考排斥在外。然后，我们以成年人的思维，为孩子灌输答案，告诉他们"你应这样做""这才是正确的"。

过多的信息输入让孩子逐渐依赖父母提供的答案，从而丧失了独立思考的能力。哈佛大学原校长劳伦斯·洛威尔曾说过：

"只有一个方法能真正训练一个人，就是让他自己去动脑子。"由此可见，独立思考的能力对孩子的影响是深远的。

琳琳面对一道九宫格数独题，困扰了许久仍未得到正确答案。她向妈妈诉说遇到的困难，并询问解题的方法。

妈妈其实一眼就识破了问题的关键，但并未直接说明，而是经过短暂的思考后回应："这道题目确实有些难度，我也不太会解答，要不你再多想想？"

"好吧！"琳琳略显无奈地回答。

随后，她便回到自己的座位上，继续尝试摆弄数字，寻找可能的解决方案。约莫过了五分钟，她突然高声喊："我找到答案了！"

妈妈侧头一看，果然，她成功解出了这道题目，妈妈马上给予肯定和鼓励："你积极思考，最终成功解决了问题，真是太棒了！"

我们并不需要一味地追求知识，而应当有选择地装作无知。当孩子遇到问题时，简单的一句"我不知道，但我们可以一起寻找答案"，便能为他们的好奇心和创造力播下种子。

那么，如何引发和培养孩子的思考能力呢？

1. 开放式提问和激发兴趣是引导孩子思考的关键。

老师在课堂上通过提问"这个答案正确吗？"来引导孩子们学会分析答案的合理性。这不仅让他们学会自我反思，也筛选掉明显不合理的答案。同时，通过激发孩子对数学等学科的兴趣，引导他们深入探究，从而培养主动思考的习惯和能力。

2. 给孩子足够的探索和思考空间。

孩子们天生对世界充满好奇，通过观察、触摸等方式了解事物。家长应鼓励他们提问，并保护他们的好奇心和想象力，这样才能激发出他们创新的思考之光。

3. 鼓励孩子寻找问题的解决办法。

当将问题交给孩子自行寻找答案时，可以培养他们的独立思考能力。例如，鼓励他们想出各种可能的解决方案，并讨论可行性和效果。通过开阔思路和记录想法，引发孩子的主动思考，让他们学会制订方案并推演效果。

4. 每个孩子都是天生的思考者。

从孩子小的时候开始培养观察和思考的习惯，鼓励尝试各种可能性。让孩子在人生的道路上每一步都是自己思考后的选择。

会玩的孩子才会有出息

提到孩子爱玩、贪玩的话题，许多父母都会感到无奈，认为这样的孩子"不够沉稳""淘气""将来成绩不好"。然而，在贵州的一次数据峰会上，一位互联网大佬却发表了令人意想不到的观点，这一观点引发了现场热烈的讨论。他说："如果我们继续沿用过去的教育方法，让孩子从小学习记忆、计算和背诵，而不让他们去玩耍、去体验自然，我敢保证，30年后这样的孩子将无法找到工作！"这位大佬的话是否危言耸听呢？

考虑到当前社会和科技的发展趋势，大数据和机器有可能会在未来取代人类去执行需要死记硬背的任务。但是，机器永远无法替代人类的智慧、创造力和情感。儿童的智慧、创造力和情感，不能仅仅通过刻板的学习方法来获得，而更需要在游戏和体验自然的过程中逐渐培养。

美国心理学家约翰·蒙尼为了探究"游戏"的意义，曾经利用猴子开展过一次著名的实验。他将几只活泼可爱的小猴子隔离开来，单独关在一个笼子里，不让它们与同伴一同嬉戏、玩耍。实验结果表明，这些失去了游戏机会的小猴子在成年后，在性格和行为习惯上比其他猴子更加孤僻、呆板，有时甚至表现出敏感、易怒和暴躁的特点。该实验为教育工作者提供了重要的启示，使他们认识到游戏对于孩子而言也可能具有极为重要的作用。

其实，在孩子的成长过程中，每个阶段都有其特定的任务和责任。例如，在婴儿期，孩子正处于"口欲阶段"，他们通过将物体放入口中来感知它们的质地。这一时期如果无法得到适当的引导和满足，可能会对孩子的性格和习惯产生不利影响。孩子的成长过程与技能培养就像大树的年轮，一环扣一环，逐渐形成完整的人格。如果在这个过程中出现问题，就好像大树内部有空洞，将会带来危险。而在童年阶段，最重要的任务之一就是玩耍。如果孩子缺乏玩耍的能力，他们在未来的成长道路上可能会失去许多乐趣，更容易变得呆板和木讷。

有的儿童发展心理学家常常将孩子的童年游戏喻为人生的一场精彩预演，这个比喻实在是再恰当不过了。事实上，无论是人类的孩子，还是动物的幼崽，对于游戏的热爱似乎都是与生俱来的。小动物们会在与伙伴们的打闹、追逐和嬉戏中，逐渐掌握那些有助于它们在成年后独立生活所需的捕猎技巧。而对于孩子们来说，游戏在成长过程中所蕴含的价值也是不可估量的。

儿童通过游戏可以更好地认识和理解自己。例如，当孩子热衷于在地上寻找落叶时，他们可能会发现那些形状像五角星的枫叶与他们的小手有着惊人的相似性，都拥有五个尖尖的角。这实际上是孩子对身体认知的一种方式。此外，游戏也可以帮助孩子在探索周围环境的过程中建立基本的社交情感，如善良、感恩和珍惜。

有一次，一个孩子在雨后的植物园玩耍时无意间压死了一只小蜗牛。他的妈妈并没有责备他，而是随口说："这只小蜗牛的妈妈可能正在外面寻找食物，如果回家后找不到它的孩子，它会非常伤心的。"

听到这话，孩子的眼泪顿时涌了出来……从那一刻起，孩子内心的善良开始萌芽。因此，我们可以看到，孩子的身心健康和人格健全的培养，几乎都离不开游戏和对大自然的体验。既然我们在为孩子选择衣物和用品时，都尽量选择天然、健康的，那么我们在培养孩子的身体和人格时，为什么不遵循孩子的成长规律、尊重他们爱玩的天性呢？

但是，如何才能正确地引导孩子玩耍呢？实际上，尊重孩子的玩耍天性并不等同于完全放任他们的"散养"。要想让游戏真正对孩子的人格和习惯产生积极影响，必然需要父母对孩子玩耍的活动进行选择和引导。

所以，父母们在孩子的玩耍问题上，可以参考以下两个原则。

1. 多主动体验，少被动接受。

比如，带孩子去植物园或者乡村田园去玩耍，这算是主动的体验，因为孩子能够亲眼见到自然中形形色色的植物，还能充分调动自己的五官，去感受叶子的翠绿或金黄、树皮粗糙的手感、泥土的自然芬芳。这种贴近自然的玩耍体验，一方面能促进孩子骨骼肌肉、大脑神经的健康发育；另一方面对孩子的情绪、秉性也是极大的滋润。

2.减少被动填鸭式玩耍。

相比主动体验，还有一种被动填鸭式玩耍。像一直窝在家里看动画片这种娱乐方式，就是典型的"被动接受"型玩耍，孩子被花花绿绿的画面吸引，动画片里演什么孩子就看什么，其间很难有五官上的真实感受、体验，这样"玩耍"的结果，当然跟置身自然的体验没得比。

明智的父母会让孩子享受一个健康快乐的童年，允许他们充分地玩耍，并在玩耍的过程中积累丰富的体验。随后，在这些丰富的体验基础上，他们会引导孩子进行学习和思考。

毕竟，孩子们天生就对学习充满热情，而玩耍与学习是密不可分的。遵循这种规律，尊重孩子的天性，这样的教育才是着眼于孩子一生幸福的教育。让他充分地玩耍，这看似是最简单的教育方式，实际上却是在为孩子一生的幸福打下坚实的基础，为他们的成长积聚能量。

把"要我学"变成"我要学"

不知何时，"鸡娃"这个网络用语成了父母教育子女的代名词，或许是父母"打鸡血"太久，不少孩子对学习产生了抵触情绪，甚至出现了厌学、拒学的现象。

曾经在武汉大学的一次演讲中，陶行知先生讲到了类似的问题。演讲开始，他缓缓走到讲台前，从容不迫地从箱子里取出一只大公鸡，让在场的人全都愣住了。然后他从包里拿出一把小米，掰开公鸡的嘴，强行将小米塞入。公鸡不断挣扎，不愿吃食。

最后，陶先生放开了公鸡，并将小米撒在它的面前。出人意料的是，公鸡开始自然地啄食地上的小米。这时，陶先生开始了他的演讲："教育就像喂鸡一样。如果强迫学生学习，把知识硬灌给他们，他们是不愿意学的。即使学习了，也很快就会忘记。但如果让他们自由地学习，充分发挥他们的主观能动性，效果一定会好得多。"

陶行知先生喂鸡的事例告诉我们，要想让孩子学有所成，首先要激发他们对学习的兴趣。如果孩子自己没有学习的动力和热情，仅仅依靠家长的逼迫去补习和做题，即使分数提高了，后续的学习效果也不能保证。孩子的好奇心是学习的最佳起点。那么，为什么有些孩子入学后对学习失去兴趣，甚至出现"习得性无助"（遇到挫折后在面对问题时产生的无能为力的心理状态和行为）的现象呢？通过几个生活场景，我们可以了解到孩子的学习兴趣是如何逐渐消失的。同时，也为家长们提供了一些建议，帮助他们培养孩子的主动学习能力。

孩子对学习的厌恶通常源自许多方面的原因。

场景一：缺乏正确的引导，导致孩子在认知上的误区。

一个孩子刚刚开始学习下象棋，然后他兴冲冲地去找他的父亲对弈。结果，他在连续十盘的对弈中全都败给了父亲。

第二天，他依然充满热情地再次寻找父亲对弈，结果还是一败涂地。到了第三天，他已经不再主动寻找父亲对弈了。这种情况下，父亲的沉默和冷漠，以及缺乏引导和鼓励，非但没能给孩子留下胜利的机会，反而打击了他的学习积极性。对他来说，失败并不是成功之母，真正能带给他成就感的是成功。

同样，这也是学校教育的问题。许多孩子刚进入学校时，对学习充满了渴望和期待，但是经过几次作业或者考试的失败，他们只能感受到挫败，却无法体验到学习的乐趣和成就感。如果他们不能得到及时的引导和帮助，就会逐渐失去对学习的兴趣。

场景二：父母或成破罐破摔"帮凶"。

有时候，尽管孩子尽力去学习，但是他的表现并不理想。他的父母因此常常叹息，甚至无法控制自己的言语，对孩子说："你真是太笨了！"由于孩子没有做出反对或生气的反应，父母就经常把他称为"笨孩子"。

许多学习成绩一般的孩子其实已经付出了很多努力。如果这时候父母抱怨他们太笨，可能会给孩子带来心理阴影。在父母的负面评论的影响下，孩子可能会认为无论他们如何努力都无法改变现状，从而放弃努力，自暴自弃。这与父母错误的教育方式有很大的关系。如果真的是因为孩子不够努力而导致学习效果不佳，那么除了极少数的智力因素外，更可能的原因是他们的学习方法和策略需要改进。因此，这种情况下父母的指责只能起到负面效果，他们应该引导孩子把注意力放在如何改进学习方法和策略上。

场景三：故意不努力以"保全脸面"。

在孩子们的心中，他们都渴望自己能够聪明和勤奋，得到父母和老师的赞扬。然而，当预感到自己的成绩并不理想时，他们一般有两种选择：一种是继续努力，尽管这可能会暴露出他们能力不足的事实；另一种是故意不去努力，以此来保全"聪明"的"脸面"，借口很简单，这次成绩不佳是因为我没学而并非我不聪明。在现实中，选择保全自己"脸面"的孩子不在少数。

那么，我们该如何将"需要我学习"变成"我想要学习"呢？家长的首要任务应该是激发孩子的内部学习动机。尝试以下几种方法可能会有所帮助。

1. 设立一个具有挑战性但又可达成的目标。

这个目标应该具体、清晰，难度适中。让孩子参与学习目标的制定，这样他们就有了"跳一跳"就能够得着的目标，也就是中等难度的目标，这样的目标更容易实现。反之，如果目标过高，孩子可能会感到恐惧，甚至在短暂的热情之后就不再努力。

2.给孩子提供更多的自主选择机会。

例如，周末孩子可以选择先看书还是先玩耍，由他们自己决定。家长应尊重并相信孩子的选择，让他们自己决定学习活动和方式，并自行设定与学习相关的规则。这样既能培养他们的成就感和责任感，也能帮助他们建立独立健康的人格。

3.给孩子提供成功的机会。

孩子从出生起就具有好奇心和求知欲，但随着入学，他们的好奇心和求知欲开始分化。有些孩子可能会因为学习过程中的挫败感而失去对知识的好奇心和求知欲。对于这些欠缺成就感的孩子，家长应发现他们的闪光点，比如他们在其他科目的优秀表现或良好的生活习惯，并给予他们及时的鼓励和肯定。同时，在设定学习目标时，应将其分解为小目标，让孩子们能够不断感受到自己的进步。

4.把孩子的兴趣迁移到学习中。

父母细心察觉孩子的兴趣所在，并欣赏他们的爱好。如果父母粗暴地命令孩子"别打球了，去学习！"或者"别听歌了，去学习！"这可能会让孩子认为，他们的兴趣和学习是彼此对立的，因此对父母的这些要求产生反感。

举个例子，如果孩子将某位明星当作偶像，父母应该让他看到这位明星在光环背后的付出，引导他努力成为像这位明星一样优秀的人，并将他对明星的喜爱转化为对学习的热情。这种转变是一种有效的疏导方式，而非限制。

鼓励孩子给自己定目标

人生的推进力源于梦想。这是我们努力前行的燃料，也是我们持久奋斗的方向。

心理学家发现，那些擅长为生活制订计划的人通常更具进取心，他们擅长理性思考，并能在生命的每个阶段都做出谨慎的决策。

作为父母，我们必须向孩子阐明一个事实，那就是他们应该追求自己真正想要完成的事情。生活中，我们总是设定各种各样的目标，无论是实现梦想，还是提升自我，我们都需要为自己设定一个目标，并制订一个详尽的计划。

有一个女孩，小时候身体纤弱，每次体育课跑步都落在最后，这让她感到非常沮丧，甚至害怕上体育课。

女孩的妈妈安慰她说："没关系，你年龄最小，可以跑在最后。不过你要记住，下一次你的目标就是：只追前一名。"

女孩点了点头，记住了妈妈的话。在接下来的跑步中，她奋力追赶她前面的同学，并不断超越倒数第二、倒数第三、倒数第四……

一个学期还没结束，她的跑步成绩已经提高到了中游水平，她也慢慢喜欢上了体育课。

妈妈把"只追前一名"的理念延伸到了她的学习中。"如果每次考试都能超过一个同学的话，那你就非常了不起啦！"

在妈妈这种理念的引导教育下，这个女孩 2001 年从北京大学毕业，并被哈佛大学教育研究生院以全额奖学金录取，成为当年哈佛大学教育研究生院录取的唯一一位中国应届本科毕业生。她就是朱成！

心理学里有个目标规划法叫 SMART，实际上是规划目标的五个步骤的英文首字母的缩写。

S（specific）目标的明确性：谁？什么时候？在哪里？为了什么？要做到什么？

M（measurable）目标的可测性：用数量来控制进度，什么时候完成到哪一步。

A（attainable）目标的现实性：不要太高，但也不能没有挑战。

R（relevant）目标的相关性：还有哪些相联系的相关目标？

T（time-bound）目标的时间性：实现目标的时间节点。

所要规划的目标包括孩子的兴趣爱好、社交活动、体育锻炼、储蓄习惯、参与体育项目、完成学业任务、学校生活以及阅读等方面。此外，如果还想改变一些不良习惯，比如戒烟、戒酒、减少看电视和玩手机的时间等，这些都可以作为规划的目标。

规划目标的时候要记住一个公式：我要 + 什么时间 + 做什么。

在合适的时机来临时，将自己的目标"转译"为实现目标的公式，并为之付出努力。

通过这种方式，孩子会看到这个目标"公式"如何转化为现实。有时，家长需要帮助孩子分解一些目标。例如，规划设定的目标是爬 100 层阶梯，如果直接告诉他这个目标，他可能会感到绝望。为什么？因为难度太大！这应该是长期目标。如果爬到 10 层就是中期目标；而当他开始爬第一层的时候，那就是短期目标。

当孩子看到爬第一层对他来说并不困难，短期目标实现了，中期目标也就触手可及了。他会稍作休息，然后满怀信心地继续向下一个目标进发。

在为孩子设定目标时，我们不仅需要有远大的目标，还需要将其分解为一系列小目标。通过实现这些小目标，孩子们会逐渐建立起信心和动力。

对于年幼的孩子来说，目标不应过于庞大，因为他们可能无法理解内在动力和长期目标的意义。因此，我们应该教导孩子设定一系列小目标，让他们在短时间内取得一些小成就，比如积累积分、完成游戏任务、自己穿衣、整理床铺、背诵诗歌等。

一旦孩子完成了任务，父母需要立刻给予反馈，让孩子明白今天的努力会对未来产生何种具体影响。这些影响应该是清晰可见、真实可触的，这样孩子才能理解其中的因果关系，从而使努力变得有意义、有价值。随着孩子逐渐长大，我们可以设定更大的目标，比如完成一项简单的作业、读完一本书、整理书架、打扫自己的房间、每天练习钢琴、睡前自觉刷牙，等等。

引发兴趣，学习与游戏相结合

对于厌学的孩子来说，他们通常会视学习为一项枯燥的工作，将作业视为一种惩罚。因此，我们需采取策略引导他们发现学习的乐趣。换言之，我们需要根据孩子的性情，逐步疏导他们，使他们能将学习视为一种享受。专家指出，如果父母能引导孩子将学习变成游戏，这将是一个非常有效的方法。

慧慧是一个 9 岁的孩子，聪明伶俐，但对于学习却总是缺少兴致。旷课、逃学成了她的家常便饭，任凭父母和老师怎样劝说，她都无动于衷。

有一天，慧慧在院子里独自玩耍，从杂物箱里翻出了两块磁铁。她把其中一块放在地上，另一块握在手里。地上的磁铁一会儿被手中的磁铁推着走，一会儿又紧紧吸在一起。这时，父亲走了过来："慧慧，你知道磁铁的奇妙之处吗？""有什么不知道的！"慧慧撇了撇嘴，"我用正面对着那块磁铁，那块磁铁就会被推着走。我把手中的磁铁转过来，它们就又会吸在一起！"

爸爸笑了："你呀，还没弄明白呢！磁铁分为正极和负极，而且'同极相斥，异极相吸'！利用这个道理还可以发电呢。"

慧慧惊喜地问："那我的这块是正极还是负极？为什么正极和负极会吸在一起？"爸爸耐心地给慧慧讲了一下午，并陪她做了很多试验。当慧慧知道这都是物理学中的知识后，兴奋地告诉爸爸自己以后要做个物理学家。

通过游戏来学习，再通过学到的知识去游戏，对激发孩子的兴趣和好奇心有着极大的好处。我们该如何将学习转化为游戏呢？

以下是给父母们的建议。

1. 玩一些开发智力的猜谜游戏。

父母可以尝试将孩子需要掌握的知识融入游戏中，比如填空游戏、成语接龙等。或者将知识编成谜语，让孩子猜测答案，并在猜对后给予奖励。在考试前，父母还可以和孩子一起预测考试会出什么题目。为了能够准确猜中，孩子会扩大复习范围，提高复习效率。从心理上来说，如果孩子在游戏中体验到乐趣，他们将来会更主动地参与进来。对游戏产生兴趣后，孩子们会抱着"闯关"的心态积极参与。此外，讨论猜题的过程实际上也起到了复习功课的作用。

2. 老游戏新用。

许多孩子小时候通过玩汉字卡片来记忆汉字和诗词，甚至成年后仍然能够脱口而出。仅仅依靠背诵是无法留下如此深刻印象的，通过游戏可以帮助大脑记忆。对于那些不喜欢背汉字的孩子，可以将读音和笔画写下来制作成汉字卡片。此外，通过玩"24点"等数学游戏也可以提高孩子的数学验算能力。

3. 在找错游戏中培养孩子学习的兴趣。

在家长会上，经常有父母说自己的孩子一看书就犯困，一看书就走神。然而，这些不爱阅读的孩子却对报纸上的找错游戏非常感兴趣。这种找错游戏不仅出现在成人阅读的杂志上，而且在面向儿童的报纸和杂志上都有登载。这说明不仅成年人喜欢这种找错游戏，孩子们也同样受吸引。令人惊讶的是，有些大人需要花费一天才能解答的问题，孩子们常常能够当场找到答案。这可能是因为孩子们好胜心更强，所以特别热衷于这种找错游戏。

因此，父母不应错过利用孩子好奇心的好机会。例如，在与孩子一起做习题集时，故意将答案说错几处。当发现错误时，孩子们一定会感到兴奋。如果孩子能够带着这种找错的热情逐题反复阅读习题集，他们会愿意做更多的习题集。

4. 拼图游戏寓教于乐。

著名教育学家蒙台梭利曾将世界地图制成拼图游戏，将其作为激发孩子学习兴趣的第一步。孩子们天生对拼图游戏充满好奇，即使那些从来不看地图的孩子，一听说是拼图游戏，也会全神贯注地将散乱的地图拼凑起来。看到这样的场景，任何人都会感到惊讶。拼图游戏在世界范围内都非常受欢迎。

5. 让孩子与自己进行一场竞争性的游戏。

孩子们对各种可以参与比赛、破纪录的游戏有着浓厚兴趣，因此在做作业时父母可以记录孩子半小时内完成的题目数量，然后让他不断挑战自己的纪录。如果孩子成功超过原来的纪录，就可以给他一些奖励。这样，孩子的学习热情就会被激发出来，学习效率也会大大提高。

在学习过程中加入游戏元素，可以改变孩子对学习的看法，让学习变得更有趣。需要注意的是，这是一个逐步改变的过程，父母需要有足够的耐心。

第七章

情绪管理，
轻松控制莫名的"洪荒之力"

理性对待孩子的叛逆

许多父母都曾有过对某段时间孩子不听话，叛逆，难以管教的抱怨。然而，孩子们的叛逆行为其实是他们成长的标志，是他们自我意识的觉醒。

心理学家将这个阶段称为"叛逆期"，这是因为孩子的自我意识正在快速发展，他们渴望独立、自主和自由。每个孩子都会经历这个阶段，可能还不止一次。如果父母能够理解孩子叛逆背后的心理需求，深入了解他们的内心世界，并在适当的时候给予引导，那么我们就能顺利帮助孩子度过这些成长中的转折点。

从心理学的角度看，孩子在成长过程中会经历三个特殊的阶段，大约在 2 ~ 3 岁、7 ~ 9 岁和 12 ~ 15 岁。在这三个阶段，孩子们会出现不同程度的反叛行为。那么，我们应该如何理解和面对孩子的反叛呢？

在 2 ~ 3 岁的婴儿阶段，孩子们开始学习自己吃饭、走路和跑步。这时，他们的视野开始扩大，大脑也开始构建自己的世界，不再完全依赖父母的意见。在行动上，他们有时候可能会通过"哭闹"的方式来表达反对的意见；在语言上，他们可能开始说"不"，对任何事物都可能持有"不"的态度。这是孩子从意识上最早开始与父母的分离过程。在这个过程中，孩子开始形成自己的想法和态度，体验与他人分离的快乐，并由此塑造出他们的个人品质。

对于这个阶段的孩子，家长需要尽量走进他们的内心世界，站在他们的角度去思考问题，用提醒和引导的方式而非批评，耐心地解释给他们听。同时，父母自身的言行也会对孩子产生重要影响，因此，这个时期也是塑造孩子脾气、性格和秉性的关键时期。

在7～9岁这个阶段，孩子们的社交范围扩大，结识了更多的朋友，积累了更多的想法，并渴望拥有自己的独立空间。一方面，他们认为自己已经是个大人了，不再是小孩子。例如，他们不再愿意让家长牵手，不让父母叫他们宝贝或小名，而是要求使用全名。另一方面，他们非常依赖大人，表达诉求时的状态让家长误以为他们不讲道理，容易哭泣，很娇气。

在这个阶段，孩子们会接触到大量的外界信息。但由于辨别能力有限，他们很容易受到不良信息的影响。因此，父母需要更多了解孩子的情况，及时给予思想上的引导和内心的关怀，帮助孩子正确认识事物，提高判断力。不要盲目地命令，而是要在行为和思想上给予合理引导。此外，加强培养孩子的各种好习惯，帮助他们树立远大的志向，扩大心胸格局，可以让孩子接触更多的英雄人物和外界事物，所谓见多识广。这个时期非常适合带着孩子去游学。

在 12 ~ 15 岁的青春期，孩子们开始踏上自我探索的道路。他们认为自己已经长大，开始追求平等和尊重。他们这个时期的特点是：注重面子、自尊心强烈、容易受到同伴的影响；情绪波动较大，生理和心理都会经历显著的变化；面对这些变化，内心可能会感到困惑，渴望有人给予解答。

家长应该重视孩子在这一时期的变化，多与孩子探讨青春期的相关知识，引导他们正确看待和应对这些变化。此外，这个时期的孩子非常在意别人对自己的看法和态度，因此家长不应过度监督孩子，而应尊重他们，像对待朋友一样与他们相处，给予更多关爱和支持。

哭吧哭吧，引导孩子正确发泄情绪

当孩子哭泣时，父母的第一反应往往是制止，所以父母会说出这样的话："别哭了"或者"你再哭，我就不要你了，妈妈也不要你了。"然而，每次孩子听到这样的话，反而会哭得更厉害。其实，孩子哭泣的原因有很多，无论是悲伤还是愤怒，都是他们情感的表达。因此，当孩子哭泣时，不要急于制止，要让孩子把情绪发泄出来，等他们情绪稳定后再找出哭泣的原因，并给予适当的安慰和帮助。

其实，哭泣在生理上还是有很多好处的。

第一，孩子的哭泣是他们生活的一部分。特别是对于年幼的孩子来说，哭泣可以帮助他们锻炼肺活量和声带，提高呼吸道的防御力，从而避免感冒。

第二，哭泣对身体健康有益。当孩子哭泣时，通常是因为焦虑、紧张、委屈或不安。哭泣是一种情绪的发泄，可以让不良的情绪得到释放。眼泪中含有可以改变人类情绪的物质，通过眼泪流出，能将这些有害物质排出体外。因此，适度地流泪对身体是有益的。

第三，哭泣对孩子的视力发育有帮助。眼睛干涩可能导致许多眼部问题，而眼泪可以润滑眼球，在角膜表面形成一层液体保护膜，从而让孩子拥有明亮的眼睛。我们可以发现，几个月大的宝宝的眼睛里充满了光亮，这要归功于眼泪的保护作用。此外，眼泪还可以冲走细菌，对眼睛有清洁作用。

小房和朋友一起喝下午茶，朋友还带上了她5岁的女儿悦悦。在咖啡馆里，朋友给悦悦点了一份冰激凌。冰激凌对于小孩子来说，无疑是一份无比美味的惊喜。悦悦一边吃着冰激凌，一边开心地手舞足蹈。突然，不知道怎么回事儿，冰激凌啪嗒一下掉地上了，悦悦的裙子上也蹭到了一大块冰激凌。悦悦愣了一下，然后转头看着她妈妈，小嘴瘪着，看起来快要哭了。

本以为悦悦会因为冰激凌的事而情绪低落，但朋友却并没有过多在意，轻描淡写地说："不过是一个冰激凌而已，掉了就掉了，不吃就是了。"然而，悦悦并没有接受这种轻描淡写的态度，立刻哭了起来。

朋友觉得有点儿尴尬，连忙说："谁让你刚刚吃东西手舞足蹈的？你看你衣服都蹭脏了，我还没批评你呢，你倒哭起来了，快别哭了啊！"然而，悦悦的哭声却越来越大。朋友开始有些不耐烦了，大声说："明明是你自己把冰激凌搞掉的，有什么好哭的？真是不讲理！不准哭啦！"尽管朋友的话很严厉，但并没有让悦悦停下来。小房和朋友原本计划喝完下午茶后一起吃晚饭，却因为悦悦的哭闹取消了。

心理学家指出，经常哭泣的人往往比不哭的人更健康。这是因为哭泣有助于释放内心的负面情绪，从而维持心理的健康与平衡。我们成年人应该也有过类似的经历：当我们无法承受内心的悲痛时，如果将悲伤深埋心底，情绪会越来越低落；而如果我们能大声地哭出来，哭泣过后我们会感觉轻松许多，压力也会减轻，悲伤得到宣泄，情绪也会逐渐稳定下来。

因此，当孩子哭泣时，不要急于制止或指责他们，而是要了解孩子哭泣的原因，给予他们一个温暖和包容的拥抱，接纳他们的悲伤，倾听他们的委屈，然后再陪伴他们一起寻找解决问题的方法。

切勿以任何强制手段抑制孩子的悲伤情绪。从某种程度上说，压制孩子的委屈，就是剥夺他们爱人的能力，教会他们变得冷漠无情甚至丧失共情能力。

作为父母一定要牢记，此时的孩子最需要的是有人理解他的委屈，分担他的悲伤，倾听他的心声。父母是化解孩子伤痛的最佳人选。轻轻拥抱孩子，告诉他，你理解他的感受，为他擦去泪水，引导他明白悲伤是人生的一部分，是正常的情绪，人们有能力战胜悲伤。只有通过自己的努力走出悲伤，孩子才能真正变得坚强。

对于孩子的牛脾气，学会冷处理

在处理孩子的暴躁情绪时，父母应避免过于强硬或过于软弱的态度。最佳的做法是将孩子的注意力转移到其他事情上，从而缓解当前一触即发的紧张气氛。需要注意的是，当孩子发脾气时，父母不应一味地对其进行长篇大论的说教，因为此时的孩子可能压根儿听不进去任何形式的说教。同时，也不应强迫孩子立即停止发脾气。

最简单且有效的方法是对他们进行冷处理，比如不理睬他们，或者让他们出门去发泄情绪，让他们明白这样做并不能达到其潜在目的。要让他们自己去调整，自己去平息，随着时间的推移，孩子渐渐明白无理取闹是无效的，他们就不会再采用这种极端的方式。

故事一：

辛普森夫妇最近因为孩子经常发坏脾气而感到头疼。他们的孩子麦琪今年 6 岁，脾气非常暴躁。有一次，夫妇带孩子去商场购物，孩子突然大发雷霆，在商场里大吼大叫。即使父母试图和他讲道理，他也不听。如果辛普森夫妇不满足麦琪的诉求，他就会不停地吵闹，甚至在商场里打滚，扔东西。

为了解决这个问题，辛普森夫妇想尽了各种办法，包括罚站、责骂、逼他在空地跑圈，甚至打他。然而，这些方法都没有用。因为只要麦琪觉得不开心，他就会大发脾气。

每个父母都希望自己的孩子能以温和的方式表达情绪，但孩子的情绪发泄确实是他们成长过程中的一个重要部分，这是一个所有儿童都必须经历的阶段。如果父母在引导孩子的情绪上缺乏耐心，孩子可能会养成易怒的性格。特别是在物质方面不能得到满足时，孩子可能会无止境地发脾气，直到他们得到自己想要的东西为止。

故事二：

在一个平凡的夜晚，阿越的一家人正聚在电视机前看电视剧。突然，阿越说他想吃冰棒。然而，当时夜已经深了，商店早已关门。阿越的父母试图向他解释，让他明天再吃。但是，阿越并不妥协，他开始大发脾气，甚至用头撞地板，把椅子推倒，用脚踢所有能碰到的东西。

他的父母被他的行为气得头疼，但还是尽力忍住火气，没有对他发脾气。

最后，阿越发现没有人理会他，再发脾气也无济于事，于是自己从地上爬起来回房间睡觉去了。从那天起，阿越再也没有无缘无故地发脾气了。

有时候孩子的情绪波动很大，自我控制能力相对较弱，同时他们对父母的意见和建议往往持抵触态度。然而，面对这样的孩子，你是否应该保持冷静，去理性地处理问题呢？或者，你是否可能过于关注孩子，每当他们哭闹或伤心时，你立即安慰他们？有的社会现象显示，许多孩子的行为变得越来越不老实。一些年轻的母亲们经常抱怨："孩子们只要一不开心，就会变得固执起来，无论是责骂还是体罚，似乎都没有什么效果！"

在现实生活中，确实存在许多这样的例子。那么，面对孩子的倔强脾气，家长应该怎么做呢？

心理学家指出，这种行为可能是家庭教育不当的结果。尤其是那些只有一个孩子的家庭，父母把孩子当成家庭的中心，不让孩子遭受任何困难和挫折，发脾气就立即满足其要求，这样导致孩子将发脾气作为解决问题的手段。

要让孩子们保持冷静，避免易怒和暴力，最有效的方法就是对他们的行为进行"冷处理"，让他们自行调整。例如，当孩子在商场中大闹时，父母可以选择静静地旁观，直到他自己也觉得无趣为止。如果孩子一发脾气就向他妥协，这是一种极其不恰当的教育方式。每当孩子乱发脾气的时候，父母必须保持冷静，绝对不能迁就孩子的任何不合理要求。要让他明白，无论他如何发脾气，父母都不会向他妥协，他就会尝试其他解决问题的方法。

引导孩子学会控制冲动，掌控"洪荒之力"

在日常生活中，我们经常会遇到这样的情况：有些孩子在他们的请求没有得到立刻满足时，会开始大哭大闹，不断地抱怨，即使当父母答应以后会满足他们，他们仍然不会满意。也有一些孩子，即使他们的请求没有得到满足，也会表现得相当乖巧，甚至愿意为了未来能够得到更大的满足而愿意听从父母的建议。那么，这种现象背后的原因是什么呢？

延迟满足对成功有着重要启示。比如让孩子自己做出选择，比如现在举手只能吃一块巧克力，如果明天举手就可以吃到两块巧克力。显然易见，明天吃更合算。但是对孩子而言，如何选择却极具诱惑性。这个选择揭示了冲动与自我控制、欲望的满足与克制之间的冲突，从中我们可以看到孩子们的性格特征，并可以了解他们为了目标是否愿意做出短暂牺牲。

抵制冲动是人类心理基础技能之一，它涉及对诱惑的抗拒、情绪的控制、理智的保持以及道德的遵守。有研究显示，那些在 4～5 岁时能够接受延迟满足而放弃即刻满足的孩子，当他们进入青春期后，在情感表达、社交技巧和人格特质上与那些无法抵御即刻满足诱惑的孩子有着显著的差异。前者通常具有较强的社会竞争意识，更高的社会效率，自信，头脑清晰，擅长掌控大局，并且能更好地应对生活中的挫折；而后者中，约有 1/3 的人缺乏这些优良品质，且出现心理问题的占比很高。

实际上，人类的多数成就往往是通过牺牲短暂的快乐才获得的。比如发明家要做无数次枯燥的实验、钢琴家废寝忘食地练习弹奏技巧、运动员获得金牌前曾无数次挥洒汗水，这都是走出了"舒适区"，为梦想而长期坚持。因此，父母应该引导孩子培养延迟满足的能力，这是他们未来成功的关键因素。

在教育孩子接受延迟满足的过程中，首先，我们需要增加承诺的诱惑力。例如，对孩子说："如果你今晚不看电视而是弹钢琴，明天就可以带你去游乐场。"这种奖励比简单地承诺"你今晚弹钢琴，明天可以多看一小时电视"更具吸引力。通过这种方式，孩子会逐渐理解延迟满足的好处，并学会自我控制。然后，父母应该让孩子从学习中获得成就感，逐渐忽略外在的奖励所具有的吸引力，以防止孩子变得功利，凡事都与家长讲条件。

另外，我们需要让孩子明白即时满足的不利之处。研究发现，当孩子身处群体时，他们更倾向于选择延迟满足。例如，告诉孩子："如果你非要吃，那么今天你只可以吃一块巧克力。但如果像小姐姐一样选择不吃，你们明天都能吃两块。"这样的比较会让孩子看到，放弃即时满足可能会换来更大的奖励。经过几次这样的情况，孩子就会理解，克制欲望和需要是为了将来的更大满足。

还有两点需要家长注意：其一，父母对孩子的宠爱过度，只要孩子有所要求，父母就立即满足。这种过度的宠爱可能会养成孩子骄傲、冲动的性格，同时也会削弱孩子延迟满足的能力，使他们变得易于被诱惑。其二，父母向孩子许下延迟满足的承诺，但不能兑现。如果这种事情反复发生，孩子又怎会再信任父母呢？在孩子的眼中，父母的延迟满足变成了"空头支票"。因此，他们学会了只要有欲望就立即满足，有东西就立即享受——谁知道明天会怎样？所以许诺并遵守承诺，不仅是延时满足的需要，更是诚信教育的需要。

一起垒砌屏蔽墙，帮助孩子获得钝感力

日本医学家和小说家渡边淳一主张钝感力，或"迟钝的力量"，即指面对生活中的挫折和伤痛时从容不迫，坚定地向自己的目标前进。他视之为"赢得美好生活的手段和智慧"。

此外，全球知名的"甘地夫人法则"讲述的也是如何培养孩子的钝感力。

有一次，印度原总理甘地年仅 12 岁的儿子拉吉夫因病需要接受一次手术治疗。

尽管医生想要通过善意的谎言来安慰拉吉夫，例如"手术并不痛苦，也不用害怕"，但甘地夫人却有不同看法。她走到儿子床前，平静地告诉他："亲爱的拉吉夫，手术后你将经历持续难以承受的痛苦，痛苦时间可能长达两周，这种痛无人能替你承受，哭泣或喊叫都不能减轻痛楚，甚至会出现剧烈的头痛。所以，你必须勇敢地面对它。"

手术后，拉吉夫没有哭泣也没有抱怨，他勇敢地承受了一切。甘地夫人相信，如果能理解孩子的感受，告诉他实情，并鼓励他接受现实，他将有勇气承担痛苦。相反，如果掩盖真相，将使孩子更加恐惧，而教他学会接受，那将是解决问题的第一步。

教育真正的目标不是成功，而是如何应对失败。甘地夫人法则最终展现的就是如何培养孩子面对失败和痛苦的能力。所谓"钝感力"，可以理解为一个人面对困境时，能否表现出强韧的耐力，以及能否让自己有积极上进的态度。

我们应该如何科学地提高孩子的"抗挫力"或"钝感力"呢？

一位心理咨询师与儿子一起散步，儿子向父亲坦诚自己对考试的恐惧。

"爸爸，明天我就要考试了，我真的很害怕会失败。"儿子说。

咨询师虽然内心也有些担忧，但他非常冷静，站在儿子的角度去理解他的感受："孩子，我理解你的恐惧，我也曾有过失败的经历，但我相信你有可能成功。"

儿子的担忧背后是他对自我价值的怀疑。只有当他能接受并面对这种恐惧，才能进行下一步的自我改进和建立信心。

只有帮助孩子认识并接受他的情绪，才能找到情绪的根源，从而真正解决问题。逃避或掩盖情绪，只会让它变得更强、更顽固。

想象一下，如果一个人被一只狂吠的狗紧追不舍，他越是害怕地逃跑，狗就会追得越紧。但如果他停下来，直视狗，并拿起石头迎头痛击，狗就会落荒而逃。

恐惧也是如此，孩子越逃避困难，困难就越显得无处不在。但如果他选择面对困难，恐惧情绪就会退缩。原本的不安会逐渐变得安稳，反转从此开始。

其实，恐惧和失败并不全然是坏事，它能激发孩子进步的动力。但如果因为恐惧而一再回避困难，就需要正视并处理负面情绪。

要击退负面情绪，获得"钝感力"，进而获得强大的内心，我建议父母从以下几面入手。

1. 重建"我能行"的自我效能感。

当孩子们遇到挫折时，他们会觉得事情一团糟，已经超出了自己的能力范围，从而失去信心。这也是孩子不敢面对失败和挑战的主要原因。因此，帮助孩子们恢复信心的关键在于建立"我能行"的自我效能感。

加拿大社会心理学家罗伯特·班杜拉是这样定义"自我效能感"的，即人们对自身能否利用所拥有的能力去完成某项目标或成果的自信程度。简单来说，自我效能感是指对某个目标或行为的能力感，换言之就是相信自己能否做到。它是一种强烈的信念，为了达成某个目标而付出行动的动力，即使遇到困难也始终相信只要努力就能克服。

为了增强孩子的自我效能感，我们可以从他们擅长的事物开始。无论是绘画还是歌唱，只要孩子在某个领域有特殊的才能，我们就应该为他们提供机会来展示他们的才华。例如，我们可以和他们进行比赛，或者和其他的孩子进行比较，目的是让孩子通过取得成就来重拾自信。对于孩子不擅长的领域，我们可以从简单的任务开始，逐步提升难度，一步步提升孩子的自我效能感。

2. 成为孩子的后盾。

在孩子的心中，父母的另外一种角色是孩子的"庇护所"，他们心灵的支柱。无论他遭受何种挫折，父母的爱都能让孩子重新振作起来。在父母那里，他可以坦诚自己曾经历的悲欢，父母愿意倾听并乐意为其提供帮助。在这个"庇护所"，他无须担忧遭受无理的责备和批评，即使有矛盾和冲突，也能迅速化解。这样的亲子关系，才能给孩子强烈的安全感。因为父母的接纳，他不会持续自我否定，父母的帮助和鼓励，让他迅速恢复内心的力量，满怀信心地面对生活中的挑战。

3. 从失败中吸取经验教训。

孩子畏惧失败是非常正常的，我们成人也会刻意回避那些惨痛的过往，这是由人的天性决定的。然而，失败实际上是一种宝贵的经验，但前提是我们能从失败中吸取经验教训。我们会与孩子们携手共进，探寻他们失败的根源：孩子的试卷上的生字总是拼错，这或许是因为平日里未曾留心；孩子在舞蹈比赛中节奏把握不准，或许是因为他们对舞蹈的韵律尚显陌生……只有深入剖析原因，我们方能寻觅到改进之法，使得失败不再是无益且可怕的存在，而成为帮助孩子进步的"台阶"。如此，孩子们对失败有了自己的认识，不再畏惧失败。